Le Crime
dans la Famille

PAR

LOUIS ALBANEL

Docteur en Droit,
Juge d'Instruction au Tribunal de la Seine.

Pro juventute.

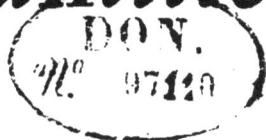

PARIS

J. RUEFF, EDITEUR

106, BOULEVARD SAINT-GERMAIN

—

1900

Le Crime
dans la Famille

Le Crime
dans la Famille

PAR

LOUIS ALBANEL

Docteur en Droit,
Juge d'Instruction au Tribunal de la Seine.

Pro juventute.

———◦◦◇◇◦◦———

PARIS

J. RUEFF, ÉDITEUR

106, BOULEVARD SAINT-GERMAIN

—

1900

PRÉFACE

L'armée du crime augmente sans cesse et la jeunesse y apporte un contingent annuel de plus en plus nombreux. Telle est la terrible vérité que les statistiques officielles révèlent chaque année dans tous les pays. Le crime, ce fléau social, semble marcher de pair avec la civilisation ! Et cependant les criminalistes et les législateurs ont fait pendant ces dernières années de grands efforts pour en arrêter l'accroissement. Les résultats statistiques démontrent malheureusement qu'il faut encore faire davantage.

Pour combattre le crime, deux moyens s'imposent, *préserver* et *punir* : préserver d'abord tous ceux qui peuvent être reclassés ; punir ensuite, et plus sévèrement, les incorrigibles, les rebelles, en lutte ouverte contre la société.

On peut, en effet, classer les criminels en deux catégories, ceux qu'on peut relever et ceux qu'il faut mettre hors d'état de nuire à leurs semblables ; les derniers seront d'autant moins nombreux que le sauvetage des premiers aura été plus efficace. Je ne parle point de ceux qui, sans être irresponsables de leurs actes, sont des *demi-conscients* et pour lesquels on réclame avec raison des maisons mixtes destinées à une répression combinée avec une médication appropriée.

Depuis l'année 1810, notre Code pénal, ce tarif démodé, comme l'appelle avec juste raison M. Jean Cruppi, a pu être transformé et complété, mais l'œuvre du reclassement, déjà commencée par la loi de sursis, la libération conditionnelle et la réforme récente du casier judiciaire n'est pas encore suffisamment entreprise. La France cependant, on est heureux de le constater, a été à la tête de cette évolution humanitaire et marche hardiment dans cette voie nouvelle de rénovation sociale.

La jeunesse qui figure dans les statistiques annuelles[1] pour une si large part a droit avant tout à la sollicitude du législateur ; et le Code pénal de l'enfance qui a fait son temps fera place bientôt, il faut l'espérer, à une série de mesures préventives qui s'imposent. Pour se convaincre de la nécessité de recourir à une législation nouvelle, il suffit d'étudier les derniers comptes criminels.

J'indique tout de suite quelques chiffres : de 1887 à 1895, 63 982 enfants âgés de moins de 16 ans ont comparu devant les tribu-

[1]. Les mineurs de 16 ans qui comparaissent devant les tribunaux répressifs sont au nombre de 6000 chaque année, le nombre ne varie guère ; les prévenus de 16 à 21 ans, de 20 836 en 1875 se sont élevés à 30 763 en 1895, en vingt ans !

naux correctionnels de notre pays, sur lesquels 27146 ont été remis aux parents, 19737 condamnés, comme ayant *agi avec discernement,* à de courtes peines ou à l'amende, et 17099, ayant agi *sans discernement,* ont été soumis à l'éducation correctionnelle.

Sans parler de tous ceux qui avaient été relaxés avant toute poursuite et dont le nombre inconnu doit être fort considérable, c'est donc 46883 enfants sur 63982 qui ont été replacés dans leurs familles, les uns tout de suite, les autres après une légère punition !

A Paris, où cependant, depuis le fonctionnement du Comité de défense fondé en 1890, des informations judiciaires ont été ordonnées dans toutes les affaires de mineurs, et malgré la jurisprudence constante du tribunal de la Seine, pendant les douze dernières années, de 1887 à 1899, sur 21657 enfants arrêtés, 2818 seulement ont été envoyés en correction.

Que sont devenus les autres, au nombre

de 17839? A part quelques-uns placés dans des patronages ou à l'Assistance publique, ils sont rentrés de nouveau dans leurs familles.

Les chiffres des arrestations et des décisions judiciaires peuvent bien, à eux seuls, constituer une comptabilité criminelle très intéressante; mais combien serait plus instructive une statistique relatant, en même temps que les résultats obtenus, l'étude sociologique de l'individu traduit en justice!

Pour l'enfant, ces renseignements sont encore plus utiles, parce que non seulement les causes qui en font un criminel sont multiples, mais encore parce qu'à côté de lui il y a sa famille, dont la situation morale et sociale mérite un examen particulier.

C'est cette étude de la famille de l'enfant criminel que je veux présenter avec des données statistiques précises et complètes. En 1897, à Saint-Pétersbourg[1], j'avais

---

1. *Étude Statistique sur les Enfants traduits en Justice*, communication faite à l'Institut international de Statistique,

émis le vœu, pour fixer les causes de la
criminalité juvénile et préparer les réformes législatives, de constituer avec des
statistiques spéciales les *Archives morales
et sociales* des enfants traduits en justice,
pensant que ces sortes de statistiques socio-
logiques rendraient, sans contredit, les plus
grands services aux législateurs et aux criminalistes ; malheureusement les éléments
certains et uniformes manquaient pour les
dresser.

A Paris, où, depuis plusieurs années, les
affaires concernant les mineurs font l'objet d'une information judiciaire, la chose
était possible. Pour le reste de la France,
depuis qu'une récente circulaire ministé-
rielle[1] a imposé aux Parquets de renvoyer
devant le juge d'instruction tous les enfants
délinquants, elle serait d'autant plus facile
que ces sortes d'affaires sont moins nombreuses dans les petits tribunaux.

session du 21 août 1897, à Saint-Pétersbourg. Marchal-Billard, 1897.
 1. 31 mai 1898.

Cette enquête sociologique donnerait, il est inutile d'insister, des résultats concluants et établirait un diagnostic certain, permettant de constater les causes et l'origine de ce mal social, le crime chez l'enfant.

Dans un premier essai[1] j'avais pu établir que le nombre des familles indignes ou incapables d'élever leurs enfants était beaucoup moins considérable qu'on pourrait le croire. Les chiffres recueillis avaient confirmé absolument mon opinion à ce sujet, mais bien d'autres observations étaient nées de cet examen statistique.

J'ai alors réuni, un à un, des documents certains et précis dans les affaires de mineurs qui m'étaient plus spécialement distribuées. J'ai ainsi recueilli dans *six cents* affaires, les dernières instruites, des notices très complètes concernant des enfants âgés de moins de 20 ans; les chiffres que je vais donner ne différeraient pas, j'en suis

1. *Bulletin des Sciences économiques et sociales du Comité des Travaux historiques et scientifiques*, année 1898.

persuadé, si mon travail avait porté sur toutes les affaires de même nature concernant Paris; mais la province devrait être l'objet d'une consultation à part, la vie sociale et physique des campagnes étant tout à fait différente de celle des grandes cités.

Dans une première partie, j'étudierai les parents; dans la seconde, les enfants. Dans une troisième partie, je m'occuperai de la correction paternelle, de l'éducation correctionnelle, de la préservation et aussi des réformes à établir.

Je ne donnerai pas seulement des indications spéciales aux six cents familles qui font l'objet de ma statistique sociologique, je présenterai aussi toutes les observations que j'ai recueillies personnellement depuis plusieurs années, ayant été en contact journalier tant avec les enfants délinquants qu'avec leurs familles.

Puissé-je, grâce à cette enquête sincère,

et pour ainsi dire mathématique, faire partager ma conviction qu'il faut préserver l'enfant coupable et opérer ainsi le sauvetage de la jeunesse, c'est-à-dire préparer les destinées de la France de demain.

LE CRIME
DANS LA FAMILLE

PREMIÈRE PARTIE

LES PARENTS

CHAPITRE PREMIER

Les Parisiens; les Provinciaux; les Étrangers. — Professions. — Salaires et Ressources. — Les Charges. — Logements ouvriers.

L'origine des familles des enfants traduits en justice peut apporter une contribution intéressante aux études de sociologie expérimentale. L'enfance coupable se recrute-t-elle parmi les Parisiens ou, au contraire, parmi les immigrants venant de la province ou de l'étranger ?

Les chiffres relevés sur les 600 familles qui font l'objet de mon enquête indiquent que

3go étaient originaires de la province, 54 le
l'étranger et 156 seulement de Paris.

Ce sont donc les émigrants, les *déracinés* du
sol natal, comme on les a justement appe-
lés, qui fournissent le plus fort contingent.
Beaucoup habitaient la capitale depuis leur
jeune âge, mais la plupart avaient quitté leur
pays d'origine avec femme et enfants,pour venir
y chercher une situation meilleure et ce qu'on
est convenu d'appeler le bien-être, ce produit factice de la civilisation des grandes cités.

Les ruraux surtout ont une tendance à fuir
les villages, pensant trouver dans les industries
urbaines un travail moins dur, des salaires
plus élevés, quittant le plus souvent la proie
pour l'ombre. *O fortunatos nimium sua si bona
norint agricolas*[1]! a dit sagement Virgile.

Le paysan quitte en effet son village, où il
gagnait un salaire peu élevé, il est vrai, mais
suffisant en général pour le faire vivre; tout
confiant en l'espoir de trouver un gain supérieur à celui qu'il recevait, il accourt dans la
ville, à Paris : mais il s'aperçoit bientôt que la
vie y est plus compliquée et plus chère qu'à la
campagne, et que, s'il gagne plus, il est aussi
obligé de dépenser davantage.

1. *Géorgiques*, II, 458.

La nécessité des communications rapides, l'augmentation des frais de vêtement, de logement et surtout la création de besoins nouveaux, de dépenses accessoires inhérents au mode de vivre des grandes villes, viennent, en effet, grossir le chapitre des frais permanents, sans que la différence des gains à Paris et à la campagne puisse les compenser.

En outre, le paysan transplanté à Paris constate qu'il n'est pas seul à chercher de l'ouvrage, que le nombre des postulants est grand pour une seule place, et comme il faut manger, en attendant l'obtention de l'emploi convoité, l'homme des champs épuise les minces ressources qu'il a pu apporter, et se trouve réduit à accepter par nécessité tous les ouvrages, heureux d'en rencontrer.

Voilà la situation vraie, car la lutte pour la vie est devenue de plus en plus âpre.

Certains cependant avaient dû quitter la campagne parce que la terre ne les nourrissait plus : le *phylloxera,* par exemple, avait détruit les vignes de la contrée. D'autres avaient subi des catastrophes pécuniaires rendant impossible leur séjour au pays natal, sans compter ceux qui avaient été obligés de fuir pour cacher dans le vaste tourbillon de la capitale des infortunes morales ou sociales de toute nature.

Mais le plus souvent, le rêve d'une vie plus large et plus agréable avait déterminé ces campagnards à venir à Paris, où les attendaient cependant tant de déboires et de si terribles désespérances.

Les cinquante-quatre familles étrangères immigrées dans la capitale avaient des origines diverses. J'ai noté surtout des Alsaciens redevenus Français, des Belges, des Luxembourgeois, des Italiens et quelques Allemands.

Il me paraît inutile d'insister plus longtemps sur l'origine des familles qui font l'objet de mon enquête. Toutes les grandes cités d'Europe se sont accrues pendant ces dernières années, mais les chiffres que je viens de donner expliquent comment, par suite de l'envahissement de plus en plus grand des provinciaux ou des étrangers, certaines villes ont décuplé, et toutes grandissent sans cesse, sans qu'il soit possible d'assigner une limite à cette progression inquiétante. Il faut déplorer en passant cette désertion des campagnes qui fait affluer au cœur et au cerveau du pays gonflés jusqu'à la congestion, le sang généreux de la nation éparse sur tout le territoire.

Des terrains préparés où les natures saines eussent trouvé leur développement intégral, la centralisation « sociale » extirpe des plantes robustes qu'on voit s'étioler ensuite et dégénérer dans l'atmosphère malsaine des grandes villes. Est-il un plus terrible malaise social et économique?

Quelles professions, quels métiers, quelles situations sociales avaient les parents de nos six cents jeunes criminels? Bien peu, quelques-uns à peine, vivaient de leurs revenus; presque tous exerçaient un métier ou une profession. J'en ai relevé la longue nomenclature, mais il serait fastidieux de la reproduire : toutes les industries parisiennes, ainsi que les emplois les plus divers, y étaient représentés. J'ai remarqué cependant que les journaliers, les hommes de peine étaient en plus grand nombre que les ouvriers techniques de tous ordres et que les employés d'administrations publiques ou privées.

Sans rechercher l'influence qu'ont pu avoir sur la situation de l'ouvrier, à Paris, toutes les transformations de l'outillage employé par l'industrie, en un mot l'introduction du *machinisme*, il est incontestable que l'emploi des machines, pour confectionner des objets fabriqués jusque-là par la main de l'homme, a amené un bouleversement complet dans la situation des classes ouvrières. Ainsi, par suite de l'usage des mécaniques mues par la vapeur,

le nombre des ouvriers restés nécessaires pour
l'exécution de certains travaux s'est trouvé
considérablement réduit. De là est résultée une
diminution dans les moyens de subsister qui
auparavant étaient à la disposition de l'ouvrier; et celui-ci, pour satisfaire à l'exigence
impitoyable de ses besoins matériels, est
amené forcément à s'employer dans des travaux tout à fait étrangers au métier qu'il connaît.

Peu importe d'ailleurs l'emploi ou le métier
des parents; il faut surtout s'attacher à l'importance des salaires, aux ressources et aussi aux
charges qui en sont la contre-partie.

Les ouvriers des différents corps de métiers
tels que menuisiers, maçons, peintres, plom-
biers, serruriers, mécaniciens, etc., gagnaient
en moyenne de 6 à 10 francs par jour; les journaliers, les hommes de peine, au contraire, n'arri-
vaient guère qu'à des salaires variant entre 4
et 5 francs par jour. Les femmes, en travaillant
chez elles ou à l'atelier, à part quelques exceptions pour les ouvrières habiles, gagnaient de
2 à 3 francs par jour.

On conçoit que cette moyenne des salaires
ne peut être qu'approximative, car bien souvent, à certaines époques de l'année, ou par
suite de certaines circonstances, telles que la

maladie et le chômage, ces chiffres peuvent être largement modifiés.

En général, le gain du père et de la mère, ou des enfants en âge de travailler, constituait les seuls moyens d'existence de ces familles. Quelques parents ayant des ressources suffisantes pour payer la pension de l'enfant délinquant dans des maisons d'éducation ou de préservation, j'ai pu en placer quelques-uns. Une contribution pécuniaire, en effet, est souvent indispensable pour obtenir le placement prolongé surtout des garçons, aucun patronage de préservation assez puissant n'existant pour prendre gratuitement tous ceux qui pourraient être l'objet d'un internement. Les filles, au contraire, comme je l'indiquerai plus loin, grâce à des institutions nombreuses et bien organisées, peuvent être l'objet d'un placement facile et définitif.

S'il est impossible d'établir exactement les ressources des familles modestes, qui étaient la presque-totalité de celles que nous avons observées, il est plus facile d'évaluer les charges qui grèvent leur budget. Cependant ces charges sont différentes selon que le père et la mère travaillent et n'ont qu'un ou deux enfants, ou selon que la mère reste seule pour subvenir aux besoins de toute une famille nombreuse.

Le problème de l'existence quotidienne est quelquefois bien difficile à résoudre dans certains milieux, et la charité publique ou privée a beau faire des prodiges, les misères morales ou physiques seront toujours plus fortes et plus nombreuses que les efforts faits pour les atténuer sinon pour les détruire.

Il faut cependant se faire une idée approximative des charges afférentes aux familles de ceux qui n'ont de ressources que le produit du travail.

La première dépense, la plus indispensable, est le pain quotidien. C'est en effet, dans notre pays, la nourriture substantielle des masses, les autres aliments ne formant que l'appoint accessoire. La France est le pays du globe qui mange le plus de pain. Voici, en effet, la quantité de pain absorbée par chaque habitant pendant une année dans les divers pays :

France : 212 kilogrammes ;
Italie : 140 kilogrammes ;
Angleterre : 114 kilogrammes ;
États-Unis : 109 kilogrammes ;
Autriche : 105 kilogrammes ;
Russie, 43 kilogrammes.

Nous devons donc nous préoccuper d'avoir cet aliment essentiel à bon marché, sans cependant porter atteinte aux intérêts agricoles de nos campagnes. Problème difficile que les économistes et le législateur ont tant de peine à résoudre.

Les boissons alcooliques entrent malheureusement pour une trop large part dans les dépenses journalières. L'alcool nous envahit de plus en plus et, à part la Suède et la Norvège qui, après une lutte vigoureuse ont entravé sa marche en avant en diminuant la vente des spiritueux, chaque pays déplore chaque jour les ravages occasionnés par les liqueurs fortes.

En France, on a consommé, en 1879, $3^{lit},22$ d'alcool par habitant; depuis l'année 1889, la proportion est de 4 litres, mais aussi les cabarets, qui étaient au nombre de 356 000, se sont élevés, depuis la loi néfaste du 7 juillet 1880, à 418 000, indépendamment des 30 000 débits parisiens. La consommation de l'alcool a presque doublé depuis 1880. Comment en serait-il autrement : en déduisant les femmes et les enfants; il existe un cabaret par trente-cinq ou quarante personnes !

Je reviendrai sur cette question, mais j'ai pensé qu'il était bon de placer ces renseignements tristement éloquents à l'occasion du budget de ceux qui ont des ressources limitées. Combien le cabaret prélève-t-il, sur le salaire du chef de la famille et, par conséquent, sur les ressources de la famille elle-même !

Après la nourriture vient la vêture.

Malgré le prix presque dérisoire où sont tombés, grâce à la concurrence et à l'outillage mécanique, les vêtements, les chaussures, les coiffures, le linge et tout ce qui constitue l'habillement, il faut des prodiges d'économie dans les familles nombreuses pour entretenir les grands et petits de tout ce qui leur est indispensable[1], sinon utile, avec les quelques francs du salaire journalier. Je ne parle que de ceux qui travaillent assidûment, sagement, et non pas de ceux qui ouvrent à la débauche et à l'alcool un crédit important dans leur budget. Le désordre, d'où qu'il vienne, ne permet plus alors, selon l'expression vulgaire, de joindre les deux bouts : c'est la cause parfois de bien des infortunes et aussi des tentations malsaines.

Le logement est surtout la grande préoccupation économique de l'artisan. Deux modes d'habitation s'imposent dans les grandes cités, à Paris notamment, le garni ou l'appartement plus ou moins important non meublé. Sur nos

---

1. Les vols à l'étalage ont, la plupart du temps, pour objectifs des chaussures ou des tricots, des casquettes ou d'autres effets d'habillement.

600 familles plus ou moins hétéroclites, *66 logeaient en garni; 484 étaient dans leurs meubles.*

Le prix des garnis, je l'ai noté soigneusement, était uniformément de 4 à 6 francs par semaine. Pour les logements non meublés situés dans Paris ou la banlieue, les loyers s'élevaient de 150 à 300 francs, mais j'ai relevé 1 loyer de 1500, 2 de 1000, 6 de 800, 6 de 700. En outre 9 familles étaient propriétaires de la maison habitée; 10 étaient logées chez leurs patrons, 3 étaient concierges, 4 avaient une roulotte comme habitation. Enfin 24 enfants n'avaient point leur famille à Paris ou dans les environs.

Les locations étaient presque toutes à l'année, mais quelques-unes étaient à la semaine, quoique les locataires fussent dans leurs meubles.

Être dans ses meubles! C'est le désir de tous ceux qui sont au bas de l'échelle sociale, et depuis quelques années des philanthropes ont cherché à résoudre ce problème économique en favorisant la création d'habitations ouvrières saines et à bon marché.

Ces efforts sont un des moyens les plus sûrs de combattre la désorganisation de la famille et d'arriver à l'amélioration morale de la classe ouvrière. Je dirai même, sans crainte d'émettre

un paradoxe, que c'est une arme puissante
contre l'alcoolisme, à la condition d'éloigner ces
habitations ouvrières des centres populeux, où
sont installés ces nombreux débits, *les assom-
moirs*.

On s'explique aisément le succès des marchands de vin quand on songe au nombre considérable d'individus qui n'ont pas de foyer.
Ceux qui habitent en garni, par exemple, — et
quels garnis ! — après une journée de travail
pénible, rentrent dans une chambre étroite
et froide, maussade, où rien ne leur appartient.

A la suite d'un repas frugal, préparé à la hâte
par la femme qui revient de l'atelier après une
journée de labeur, le père, songeant qu'il y a
en bas de l'hôtel une salle plus vaste, chauffée,
bien éclairée, où il peut causer et fumer, y descend instinctivement, et paye son droit d'entrée
en buvant une consommation, presque toujours
de l'alcool plus ou moins sophistiqué[1]. Souvent
la femme et les aînés, les filles même, quand
les petits sont couchés, sont admises à l'accom-

---

1. Sur 2 millions et demi d'hectolitres d'alcool, sept dixièmes
proviennent de la betterave, deux dixièmes de l'orge, du maïs
et de divers farineux. Le reste, un bon dixième, est tiré
des raisins ou des pommes, on en tire aussi de la pomme
de terre, des glands, etc.

pagner, et l'on passe la soirée dans ce bouge, qui est comme le salon de compagnie de l'hôtel meublé. Voilà le garni parisien, avec son annexe obligatoire, le débit, où l'hôtelier prélève sur ses locataires un tribut quotidien encore plus rémunérateur que la location des chambres meublées.

Les ménages ouvriers qui habitent dans leurs meubles, sont moins poussés à aller au cabaret. Celui qui y va est plutôt esclave d'une habitude déjà contractée, mais il peut, quand le logement est suffisamment confortable, rester dans la maison avec ce sentiment bien humain qu'il *est chez lui.*

C'est le *home* ouvrier qu'il faut améliorer pour combattre la démoralisation et la désorganisation de la famille. Mais il serait encore préférable de multiplier, aux environs de la capitale et des grandes villes, des habitations ouvrières agrémentées d'un petit coin de jardin. Avec les moyens de locomotion dont on dispose et qui se complètent de plus en plus, il serait facile de réaliser ce rêve, et au lieu d'édifier de grandes maisons, où des centaines de familles sont entassées, combien il serait plus pratique, plus humain, de construire, à quelques lieues des grandes cités, des petites maisons, des cottages modestes en pleine campagne. On détruirait ainsi les promiscuités dangereuses et les contagions malsaines.

En Angleterre comme en France, un grand nombre de logements ouvriers laissent fort à désirer sous le rapport de l'hygiène, de la propreté et du confort. Mais il est vrai aussi qu'on a plus fait en Angleterre que partout ailleurs pour remédier à cet état de choses.

Le mouvement date de 1848, où le prince Albert, qui en avait pris l'initiative, fonda l'Association métropolitaine pour l'amélioration des logements ouvriers. Bien d'autres associations se sont formées depuis lors dans le même sens. La principale est l'*Artisan's labourers'and general divelings company,* qui a fait construire depuis vingt ans, aux environs de Londres, plus de cinq mille maisonnettes ouvrières avec jardin.

Les maisons sont ordinairement réparties par groupes et semblables les unes aux autres. Il y en a 1200 à *Shafterbury-Park,* divisées en cinq catégories suivant le nombre et la dimension des pièces; toutes ont une cuisine, une buanderie, un petit jardin sur le devant et une cour sur le derrière. Les plus importantes ont six pièces et sont d'un loyer de 800 francs; les plus modestes, composées de deux chambres et d'un petit salon, se louent 390 francs. Il existe des maisonnettes de ce genre d'un prix à peu près égal dans notre banlieue, mais en petit nombre seulement.

A Paris la moyenne des loyers que nous avons relevés était supérieure à 250 francs, et beaucoup des familles qui nous occupent, plus de la moitié payait plus de 300 francs. On pourrait donc facilement concevoir pour les familles une dépense s'élevant à 350 ou 400 francs pour le logement, beaucoup d'ouvriers gagnant de 8 à 10 francs par jour, sans compter que la nourriture moins chère, par suite de l'absence des droits d'octroi, allégerait les charges d'entretien.

La question des logements à bon marché a préoccupé les pouvoirs publics dans des circonstances qu'il n'est peut-être pas inutile de rappeler.

A la suite de ses enquêtes économiques, Jules Simon avait pu se convaincre de l'influence moralisatrice du « home » pour l'ouvrier. Il disait : « Suivez l'ouvrier après ses douze heures d'atelier si épuisantes, montez avec lui ces rampes vermoulues couvertes d'ordures qui mènent à sa chambre. Entrez dans l'affreux taudis où il ne respire pas, parce que l'air est encore plus cher que le vin, où il ne trouve souvent ni feu, ni couverture, ni sommeil !... Eh bien ! croyez que ce qui vaut mieux qu'un sermon, mieux qu'un règlement de po-

lice, mieux que la sévérité du patron pour
arracher l'ouvrier au cabaret, c'est de rendre le
cabaret inutile en rendant la maison agréable. »

En consultant les archives municipales, on
trouve des documents intéressants sur les logements à bon marché :

Des propositions furent déposées à l'Hôtel
de Ville : vente des terrains communaux aux
ouvriers et employés inférieurs, à l'amiable et
par annuités, en vue de la construction de
maisons simples et confortables; construction
de maisons à céder par échéances échelonnées
sous forme de loyers amortissant peu à peu
les dépenses de premier établissement; édifica-
tion d'immeubles pouvant servir au logement
de trente mille familles; projets de subventions
sous forme de dégrèvements ou de primes aux
propriétaires; propositions de bâtir sur les
glacis des fortifications; transformation en habitations des arches des viaducs Daumesnil et
d'Auteuil; construction de maisons mixtes
avec grands appartements et petits logements
pour aider au rapprochement des classes; impôt
sur les appartements non loués; imposition de
deux francs pour tout voyageur arrivant à
Paris d'une distance supérieure à 25 kilo-
mètres, etc., etc.

L'administration préfectorale, elle-même,

institua une commission dont les travaux, hélas ! stériles, ne modifièrent point l'état des choses.

Les philanthropes étudient de plus en plus la question des logements à bon marché. La province et surtout l'étranger ont effectué des réalisations pratiques dans cette voie : Londres loge actuellement plus de 36 000 personnes dans des habitations à bon marché très confortables ; Copenhague loge 1 800 familles ; Liège contient 10 000 petits logements à prix réduits ; une seule des cités ouvrières de Stockholm loge 1 200 personnes ; en France, Saint-Quentin, Lille, Guise, le Havre, Reims, etc., possèdent des habitations à bon marché très florissantes et dont le développement progresse dans des proportions presque inattendues.

Des essais ont été tentés dans la banlieue parisienne depuis quelques années, mais l'essor n'est point suffisamment donné et les efforts doivent se multiplier pour obtenir des résultats sérieux.

En attendant que toutes les grandes industries, les usines, les manufactures se transportent loin des villes, rien n'empêcherait, en effet les ouvriers de vivre aux champs. Beaucoup de ceux que j'ai consultés et qui ont goûté de cette existence s'en trouvent bien et ne voudraient point revenir habiter leurs anciennes demeures. J'en connais qui chaque soir et chaque matin font le trajet à bicyclette. Ils effectuent ainsi une économie et font un exercice salutaire.

Cette vie aux champs, hélas! ce rêve bucolique est loin d'être réalisé. Dans les faubourgs les énormes bâtisses remplacent les masures, et si les rues sont élargies et les quartiers éventrés, la maison-caserne est restée le type d'habitation de la périphérie parisienne. Il faut alors trouver d'autres moyens d'assainissement moral des classes travailleuses. Des philanthropes ont multiplié les essais; les cercles ouvriers, les bibliothèques populaires, les patronages du dimanche pour les grands et petits ont été créés, une université populaire en plein faubourg Saint-Antoine, dirigée par des philosophes en Sorbonne, vient de s'ouvrir; des jeunes gens enfin, des volontaires du bien, vont, chacun à leur tour, dans d'autres quartiers excentriques[1], apporter la bonne parole à ceux qui veulent apprendre et écouter les sages conseils.

Tous ces efforts sont dignes d'éloge et forment un précieux faisceau. Mais les conférences, les patronages, les ligues ne seront

1. Fondation universitaire de Belleville, 151, rue de Belleville, M. Jacques Bardoux, secrétaire général.

jamais assez nombreux pour combattre tous les ferments mauvais. Néanmoins il faut favoriser de plus en plus cet élan qui tend à assurer, à côté du bien-être matériel et de l'instruction, ce qui manque le plus, la vie morale.

CHAPITRE II

La Famille normale. — Sa désorganisation par le divorce, le veuvage, l'absence ou l'abandon. — Ses conséquences.

Le mariage a été, dans tous les pays et à toutes les époques, soumis à une réglementation sévère, tant au point de vue légal que religieux. Les formalités et les cérémonies consacrant l'union de l'homme et de la femme peuvent varier, changer, mais l'organisation de la famille, qui en dépend, revêt la même force et la même importance.

Les lois civiles ont avec précision imposé aux époux des devoirs réciproques tout en leur accordant des droits. Notre Code les résume dans le précepte que les époux se doivent mutuellement fidélité, secours, assistance. Puis, faisant une distinction entre les sexes, il ajoute : le mari doit protection à sa femme, la femme, obéissance à son mari. Il impose en outre à la femme l'obligation d'habiter avec le mari et de le suivre partout où il juge à propos de résider. Par suite, le mari est obligé de la recevoir et de lui fournir tout ce qui est nécessaire pour le besoin de la vie, selon ses facultés et son état[1].

Comme on le voit, l'homme et la femme ne sont point placés sur la même ligne. Le chef de la famille a des droits plus étendus en même temps qu'on lui impose des devoirs plus considérables. La femme, en échange de la protection que son mari lui doit, est tenue de lui obéir. Mais, bien entendu, cette passivité ne lui est imposée qu'autant que le mari ne lui demande rien de contraire à la morale ou à la raison. Les deux époux, cependant, sont tenus à certains devoirs communs : la fidélité, les secours et l'assistance.

On comprend que cette terminologie vague n'ait pu embrasser que les prescriptions pouvant être suivies d'une sanction judiciaire, et que tous les sentiments d'affection et de dévouement qui sont d'un ordre purement psychologique, ne soient point l'objet d'une recommandation de la loi. Si l'un des époux, par exemple, manque à la fidélité conjugale, il peut être l'objet d'une répression pénale, sans compter que ce manquement peut amener la dissolution du

1. Art. 212, 213 et 214 du Code civil.

mariage au moyen du divorce[1]; s'il ne veut point non plus porter secours ou donner assistance à son conjoint, les tribunaux peuvent lui imposer une contribution pécuniaire forcée sur ses ressources personnelles.

En réalité, la loi a voulu, dans des termes généraux, prévoir tous les cas où elle aurait à intervenir, et en entourant le mariage lui-même de règles sévères et de garanties sérieuses, elle a voulu organiser fortement la famille et lui assurer une existence durable.

Le mariage est, en principe, destiné à durer jusqu'à la mort de l'un des époux, et beaucoup de législations consacrent même l'indissolubilité de cette union. Notre loi civile, qui avait établi, au début de ce siècle, dans les circonstances politiques qu'on se rappelle, la faculté de rompre le mariage au moyen du divorce, même par consentement mutuel, était revenue quelques années plus tard aux principes antérieurs. Aujourd'hui le divorce, quoique avec plus de garanties, a été rétabli depuis une quinzaine d'années, le mariage peut donc cesser du vivant des époux.

Autrefois, et jusqu'à la moitié de ce siècle, le

---

[1] Le divorce établi par la loi du 21 mars 1803 avait été aboli par la loi du 8 mai 1816. Il a été rétabli par la loi du 18 avril 1886.

mariage pouvait encore être rompu par la *mort civile*[1]. De nos jours, le divorce et la mort naturelle restent les seules causes de dissolution.

La famille normale, constituée par l'union légitime, se trouve donc désorganisée par la mort et le divorce d'une façon presque absolue. La séparation de corps peut bien être aussi une cause de désagrégation, mais elle intéresse moins les enfants, car les époux, tout en vivant séparés, restent quand même mariés dans le sens légal du mot. Par suite il n'est pas à craindre, s'ils ne demandent point au bout d'un certain temps, comme une loi récente le permet, la transformation de cette séparation en divorce, qu'un remariage anéantisse les liens familiaux créés par la première union entre les parents et leurs enfants.

Et puis, la séparation de corps conserve entre les époux des liens et des devoirs qui sont suffisamment puissants pour que les enfants, tout en étant victimes de cette situation anormale, ne soient point complètement abandonnés par leurs père et mère. Ceux-ci continueront en effet, malgré la cessation de la vie commune, d'avoir pour leurs enfants les mêmes sentiments dévoués et affectueux que par le passé.

1 La mort civile a été abolie par la loi du 31 mai 1854.

Le mariage ne crée pas seulement des devoirs entre les époux. La loi a soin de proclamer que ceux-ci contractent, par le fait seul de leur union, l'obligation de *nourrir, entretenir* et *élever* leurs enfants [1].

Les parents ont donc l'obligation légale de pourvoir matériellement aux besoins de leurs enfants. Les mots *nourrir* et *entretenir* sont suffisamment explicatifs pour qu'ils n'aient besoin d'aucun commentaire. Le manquement à ce devoir de ne point donner à l'enfant ce qui lui est nécessaire pour sa subsistance et son entretien peut, dans le dernier état de la législation, exposer les parents qui le priveraient volontairement d'aliments ou de soins, au point de compromettre sa santé, à des poursuites sévères et à des peines très graves [2].

Le mot *élever* est plus large ; que peut-il signifier ? Évidemment, il doit comprendre tout ce qui touche à l'éducation physique, intellectuelle et morale de l'enfant.

Cette obligation de nourrir, entretenir et élever les enfants à naître du mariage, doit évidemment subsister même après la dissolution de ce mariage. Les enfants qui n'ont aucune famille régulièrement constituée, ne

1. Art. 203 du Code civil.
2. Art. 1, Loi du 19 avril 1898.

paraissent point avoir les mêmes droits. Cependant la loi n'abandonne point l'enfant naturel. Ainsi elle lui permet de rechercher sa mère, au cas où cette dernière ne l'aurait déjà volontairement reconnu, dans toutes circonstances, et même son père au cas d'enlèvement [1]. A la suite de la reconnaissance ainsi obtenue, l'enfant naturel devra être nourri, entretenu et élevé comme s'il était légitime. Les enfants adultérins et incestueux eux-mêmes, s'ils ne peuvent être reconnus par personne, ont au moins droit à des aliments [2].

Il ne suffit pas que les familles donnent à leurs enfants la nourriture et l'entretien. L'éducation qu'elles leur doivent a des règles, sommairement indiquées par la loi et soumises parfois à des sanctions pénales. Ainsi, depuis que l'instruction est devenue gratuite et obligatoire, aucuns parents ne peuvent se dispenser d'envoyer leurs enfants à l'école. Les lois scolaires prévoient des peines de police même corporelles, pouvant être prononcées contre les parents qui se refusent systématiquement à faire instruire leurs enfants sans motifs légitimes. Mais cette obligation imposée aux pères de famille ne donne point tous les

1. Art. 340 et 341 du Code civil.
2. Art. 762 du Code civil.

3

résultats désirables, parce que, dans la pratique, on ne se montre pas sévère pour appliquer la loi.

A côté de l'instruction il y a l'éducation. La loi, on le conçoit, ne peut tracer des règles fixes à cet égard, mais elle défend de faire certaines choses, et par cela même indique une ligne de conduite à suivre en vue de la direction morale des enfants. J'indiquerai plus loin quelles sont les prescriptions pénales que la loi a constituées contre les parents qui, au lieu d'élever convenablement leurs enfants, leur montrent le chemin du crime, du vice, de la débauche, ou se livrent sur eux à des excès de toute nature. Je tiens simplement à poser le principe que l'obligation d'élever les enfants convenablement est un commandement de la loi civile.

Les devoirs sont les mêmes pour tous les parents, mais quand la famille est désorganisée, la situati. change évidemment, et les règles les mieux établies ne sont pas toujours faciles à appliquer. Il est donc intéressant de savoir quelle est exactement la composition des familles des enfants traduits en justice.

Combien de parents, parmi ceux qui nous occupent, étaient mariés, combien étaient veufs, divorcés, séparés de fait ou vivant en concubinage ?

Sur 600 familles :

298 parents étaient mariés et vivaient ensemble ;

130 étaient veufs ;

24 s'étaient remariés après leur veuvage ;

19 étaient divorcés ;

59 vivaient en concubinage ;

34, tout en étant mariés, vivaient séparés de fait.

22 enfants étaient élevés par leur mère naturelle vivant seule ;

4 d'entre eux n'avaient point de parents connus s'étant occupés d'eux à défaut du père et de la mère morts ou disparus.

Parmi ces 600 familles, 303, plus de la moitié, avaient donc été désorganisées par la mort, le divorce, l'abandon, ou même n'avaient point été constituées, puisque beaucoup n'étaient représentées que par les parents naturels vivant seuls ou en concubinage.

Les parents mariés n'étaient pas tous parfaits et de ceux-ci on peut, tout de suite, éliminer un cinquième, qui étaient incapables ou indignes d'élever leurs enfants. Plusieurs même étaient signalés comme devant être déchus de la puissance paternelle. Mais en général, quand la famille est normale et que les parents sont représentés comme vivant régulièrement, leurs enfants ont plus de chances d'échapper à la contagion du mal.

Si les enfants manquent quelquefois de direction et de surveillance, quand le père et la mère sont là, combien la situation change lorsque l'un des deux est mort ou a disparu! Or *cent trente*, sur six cents avaient perdu leur père ou leur mère.

Lorsque le survivant est obligé de travailler au dehors, ce qui est la règle dans une certaine classe, on conçoit que l'enfant soit livré à lui-même aux heures de liberté laissées par l'école ou l'atelier. Au cas où le père ou la mère, après leur veuvage, se seraient remariés, la surveillance ne me paraît pas plus efficace; je la crois au contraire plus relâchée, le père ou la mère remariés devant se désintéresser plus facilement de leurs enfants. Et puis quels sentiments véritables d'affection peuvent bien exister entre ces derniers et le beau-père ou la belle-mère ayant pris au foyer familial la place de celui ou de celle qui est parti?

Lorsque la nouvelle union est restée stérile, les enfants du premier lit ont déjà bien de la peine à se faire accepter par celui qui n'a aucun lien du sang avec eux; mais si les deux époux, veufs, ont amené chacun de leur côté les enfants provenant d'un précédent mariage, ils conser-

veront forcément pour les leurs des sentiments
d'affection et de dévouement d'autant plus
grands qu'ils les sentiront plus isolés. Enfin, si
de ce nouveau mariage naissent d'autres enfants,
quel sort est réservé à ceux du premier lit?
Cruel problème psychologique, tant pour les
parents que pour les enfants et quelle force
morale ne faut-il pas à ceux-ci pour conserver
à leurs parents affection et respect, quand ils
sentent qu'ils sont devenus comme les *parias*
de la famille!

Bien souvent, j'ai pu le constater, l'aversion
des enfants pour leurs beaux-parents les a
poussés à fuir le foyer familial, sans que leur
père et leur mère remariés aient eu le courage
de les retenir.

Ce que je dis des parents veufs et remariés
est encore plus vrai et plus terrible quand ils
sont divorcés et remariés. Je laisse à d'autres
plus autorisés le soin de traiter cette grave
question du mariage indissoluble et de l'union
résiliable à merci. Je ne veux point rouvrir ce
débat. Les arguments donnés de part et d'autre
paraissent concluants; cependant tout le monde
s'accorde à dire que l'enfant est la victime
innocente et sacrifiée du divorce.

Je tiens à constater en passant la proportion
des divorces en France depuis la loi qui l'a

rétabli, par comparaison avec les autres pays [1].

Sur 1 000 mariages il y a en moyenne, dans notre pays, 21 divorces. En Suisse la proportion est de 40. En Allemagne on en compte 17; les autres pays présentent des moyennes variant entre 10 et 13 ou sont encore moindres.

Sait-on pour quelles causes le divorce est prononcé le plus souvent en France :

Sur 100 jugements de divorces :

78 ont été obtenus pour excès, sévices et injures graves;

12 pour adultère de la femme;

7 pour adultère du mari;

Et 3 pour condamnation à une peine infamante. Ces résultats démontrent que le plus souvent le divorce n'a pour cause véritable qu'un désir réciproque de reconquérir une liberté que l'on avait peut-être d'autant plus facilement aliénée que l'on pouvait entrevoir une délivrance possible. De là tous ces divorces prononcés, presque d'accord, *sous le manteau de la cheminée*, selon l'expression consacrée, sous prétexte d'éviter un scandale, mais presque toujours pour masquer l'absence de motifs réellement sérieux.

Lorsque le mariage a été stérile, tout en

1. En 1898 ils se sont élevés à 7 000 en France.

déplorant cette facilité avec laquelle on brise un lien que bien des gens voudraient voir indissoluble, le mal n'est pas très grand, parce que la famille peut se réorganiser par une nouvelle union qui sera peut-être plus heureuse et plus durable. Mais quand il y a des enfants, quel est leur sort? Et quand le divorce est suivi d'un double remariage des parents, ou même d'un concubinage plus ou moins durable, quelle situation encore plus terrible est faite à ces enfants!

On pourrait apporter un remède salutaire à cet état de choses en ne prononçant le divorce, quand il y a des enfants, que lorsque les causes sont graves, légitimes et tout à fait existantes, et n'accorder, au moins provisoirement, que la séparation de corps; le divorce ne serait prononcé que si, dans l'intervalle, il ne s'était produit aucun rapprochement. Bien des divorces ne se prononceraient pas si ce stage était imposé. On ne verrait point non plus devant les tribunaux ces tristes procès où les parents divorcés cherchent à s'arracher la garde des enfants.

Le plus souvent, la justice remet les enfants à celui qui lui paraît le plus digne, sans les consulter d'ailleurs, quand il n'intervient pas un partage arbitraire entre les deux époux. Dans ce cas quel peut être l'état d'âme des enfants, qui brusquement se voient séparés de ceux qu'ils avaient jusque-là aimés et respectés.

Quant aux parents, on en a vu qui, pour ne point obéir aux décisions de la justice leur enlevant tout droit de garde, consomment le rapt de leurs enfants et fuient à l'étranger. Drames poignants et conséquence brutale du divorce!

Dans les familles désorganisées par la mort et le divorce, on peut encore quelquefois compter sur le dévouement de certains parents, ascendants ou collatéraux, qui se dévoueront pour remplacer celui ou ceux qui manquent. Mais dans les unions illégitimes, où, le plus souvent, le père et la mère ont abandonné toute relation avec leurs familles, que deviennent les enfants quand cesse le concubinage? Très souvent, ceux-ci ne portent que le nom de la mère, quelquefois même ils ne sont reconnus ni par l'un ni par l'autre de leurs auteurs naturels.

Malgré cela, j'ai vu plusieurs de ces ménages irréguliers élever convenablement leurs enfants; il ne manquait à leur union que la consécration légale, mais très souvent, grâce à l'intervention de sociétés charitables, un mariage régulier intervenait pour légitimer les enfants. Mais ce sont des exceptions, et à côté de ces ménages irréguliers, combien y a-t-il de liaisons immorales ne donnant aux enfants que l'exemple de la débauche et du vice.

Fort heureusement, il faut le dire à l'honneur de notre population parisienne, ces faux ménages, indignes et corrompus, sont plus rares qu'on ne se l'imagine. Avec quelques efforts on pourrait encore en diminuer le nombre. Cependant le nombre des unions irrégulières que nous avons relevées est assez élevé, 59 sur 600, c'est-à-dire le dixième, sans compter que dans 34 familles il y avait un des deux époux qui vivait séparé de fait et qui, après avoir abandonné le domicile conjugal, pouvait vivre de son côté en concubinage.

Nous avons vu aussi que 22 enfants naturels reconnus étaient élevés par leur mère qui vivait seule. Ces mères naturelles avaient le plus souvent été abandonnées par leur amant avant ou après la naissance de l'enfant. Quelques-unes avaient courageusement fait leur devoir et n'étaient pour rien dans la chute de leur enfant, à qui elles avaient même donné une éducation convenable. D'autres, au contraire, avaient continué à vivre avec de nouveaux amants, logeant en garni dans une promiscuité révoltante, et offrant le spectacle répugnant du vice et de la débauche. Quelle force morale

faudrait-il aux enfants pour se protéger contre
de semblables exemples !

Aussi, bien peu de ceux-là échappent à la
contagion, à moins qu'il n'intervienne une circonstance qui les arrache à cette existence.
Néanmoins ce ne sont pas toujours les enfants
élevés dans de semblables milieux qui deviennent des criminels ; et certains, arrivés à l'âge
de travailler, traversent sans encombre cette
période dangereuse.

Il me reste à parler des orphelins de père et
de mère qui étaient au nombre de 11 sans
compter 4 enfants sur lesquels les renseignements concernant les parents étaient inconnus.
Pour ces orphelins, la situation est très nette.
Ou bien de proches parents se sont occupés
d'eux utilement, ou bien, je l'ai constaté, les
enfants, après la mort du dernier survivant du
père ou de la mère, se sont trouvés sans ressources, sans appui, sans asile, et ont été provisoirement recueillis par des voisins ou amis
charitables, jusqu'au jour où ils ont été trouvés
errants dans la rue et arrêtés pour vagabondage. Pour eux, l'Assistance publique remplace
légalement la famille éteinte, et ils y sont
admis de droit.

C'est pour cette raison que nous n'avons rencontré que fort peu d'orphelins parmi les en-

fants qui nous occupent. La plupart avaient, en effet, été adoptés par l'Assistance publique dès la mort des parents ; seuls, ceux qui avaient été provisoirement recueillis par des parents ou des étrangers avaient pu échapper à la vigilance de l'Assistance publique. Leur nombre ne pouvait être bien élevé.

En résumé, sur 600 familles, plus de 300 étaient désorganisées par la mort, le divorce ou l'abandon, ou n'avaient pas été constituées par le mariage. Cette proportion doit être à peu près celle qui pourrait être généralisée[1]. On peut conclure en présence de cette moyenne que la désorganisation de la famille est un des facteurs certains de la criminalité de l'enfance.

1. J'avais trouvé cette même proportion lors de ma première statistique faite avec d'autres éléments, plus restreints cependant.

CHAPITRE III

Les bons et les mauvais parents ; les incapables, les négligents, les indignes.

Il ne suffit pas que les familles n'aient pas été désorganisées par une circonstance quelconque ; il faut encore qu'elles soient en état de donner aux enfants une éducation convenable. De là une classification nécessaire des parents au point de vue de leur situation morale.

On comprend aisément qu'il n'est point facile d'établir des catégories qui comprendraient les bons parents, les médiocres et les mauvais ; il faudrait, en effet, décomposer encore ces groupes, pour avoir une enquête absolument vraie.

Il est bien évident, en effet, qu'une famille composée d'un père et d'une mère mariés, vivant dans une aisance relative, et n'ayant qu'un seul enfant à élever, a une bien plus grande responsabilité devant la société que des parents besogneux, malades, ne pouvant subvenir, malgré tous leurs efforts, aux besoins matériels de nombreux enfants en bas âge. Il y a, en un mot, une relation directe entre la situation sociale des parents et leurs devoirs envers leurs enfants. On ne peut exiger de chacun que ce qu'il peut donner; s'il a fait, avec les éléments dont il dispose, tout ce qu'il a pu, la société ne doit point exiger davantage; mais celle-ci sera alors appelée à intervenir pour suppléer aux efforts restés vains.

Je n'indique pas, quant à présent, les moyens à employer pour substituer dans certains cas l'éducation de l'État à celle de la famille, je pose seulement ce principe indéniable que les devoirs de chaque famille sont relatifs, en ce qui concerne la direction et l'éducation à donner à leurs enfants et qu'aucune classification générale ne peut être établie, puisqu'il s'agirait plutôt de classer des espèces que des individus.

Le premier devoir des parents est de donner aux enfants les soins du corps, de leur apprendre les règles élémentaires de l'hygiène, de leur enseigner les principes primordiaux de la morale, laissant aux maîtres et aux ministres du culte la tâche plus compliquée de l'instruction pédagogique et de l'enseignement religieux.

Comme corollaire ; on doit exiger des parents une surveillance suffisante et aussi active que les nécessités de leur profession peuvent le permettre.

Quand le père et la mère, sans parler des classes aisées, où tout manquement à cette règle est une faute lourde, restent chez eux, soit pour y travailler d'un métier sédentaire, soit pour y exercer un commerce, la surveillance des enfants peut s'exercer assez facilement. Si, au contraire, le père et la mère travaillent tous les deux au dehors, cette surveillance est à peu près nulle, et il faut y suppléer par des moyens étrangers.

Veut-on savoir combien, dans Paris ou la banlieue, il y a d'enfants abandonnés à eux-mêmes ou à peu près, par suite de l'absence forcée des parents qui sont obligés de travailler au dehors ?

Sur nos 600 familles :

268 parents travaillaient au dehors sans que personne prît soin des enfants pendant la journée ;

291 enfants, par contre, étaient surveillés par la mère, qui restait à la maison, pendant que le père travaillait à l'usine, à l'atelier, au magasin, etc. ;

41 enfants enfin, orphelins ou que les parents ne pouvaient surveiller eux-mêmes, avaient été confiés aux grands-parents, à des frères ou sœurs adultes ou aux patrons chez lesquels ils logeaient.

C'est donc près de la moitié des enfants, on le voit, qui étaient abandonnés à eux-mêmes pendant que le père et la mère allaient, chacun de son côté, travailler toute la journée au dehors, pour gagner les salaires nécessaires à la subsistance de la famille. Et je prétends que je suis au-dessous de la vérité, parce que mon enquête ayant porté sur tout le département de la Seine, il y a des quartiers très pauvres, où les père et mère vont tous les deux travailler au dehors.

Cette situation a préoccupé non seulement les philanthropes mais aussi les pouvoirs publics. On a, depuis quelques années, organisé dans les écoles municipales des garderies très intelligemment dirigées par les maîtres ; les parents ont la possibilité de laisser ainsi leurs enfants à l'école pendant toute la journée, c'est-à-dire, de 8 heures du matin à 7 heures du soir. On fournit aux écoliers, depuis ceux de la classe maternelle jusqu'à ceux de l'école primaire, au milieu de la journée, un repas substantiel, suffisant, dans des conditions de bon marché

extraordinaire. Que dis-je! de bon marché,
ceux qui ne peuvent point payer reçoivent ce
repas gratuitement, et dans certains quartiers,
ceux qui ne payent pas sont très nombreux.
La mère n'a qu'à placer un morceau de pain
dans le panier de l'écolier et lui donner les
10 centimes destinés à payer le déjeuner de
midi ; pour les indigents, la direction de l'école
leur remet un jeton donnant droit au plat du
jour. La Ville de Paris ne doit point regretter
les quelques centaines de mille francs qu'elle
emploie de la sorte. De même les écoles libres
alimentées par la charité publique ne peuvent
faire un meilleur usage de l'argent qui leur
est donné.

On a par ce moyen organisé dans les écoles
primaires un demi-pensionnat qui met, entre
les heures des classes, tous les enfants à l'abri
des nombreux dangers de la rue. Mais, hélas!
beaucoup d'entre eux ne profitent point de
cette bienfaisante innovation, et combien, pendant les heures laissées libres entre la classe du
matin et celle du soir, sont abandonnés à eux-
mêmes, après le court repas de midi pris à la
hâte en compagnie de la mère, pressée de
retourner au travail.

Heureux encore quand les exigences de la
profession n'obligent point père et mère à leur

ire partager chez le marchand de vin le repas
ervi dans la salle commune! Quelques-uns,
our ne point rester à l'école, pourvoient eux-
1êmes au dehors à leur déjeuner. La plupart
u temps, un morceau de pain et du fromage
vec l'eau de la fontaine Wallace remplacent
: plat chaud et sain servi à la cantine de l'école.

Je voudrais que cette demi-pension scolaire
evienne la règle pour tous les parents qui ne
ourraient s'occuper de leurs enfants pendant
a journée; et quand j'assistai l'autre jour, dans
e quartier le plus pauvre de Paris à ce modeste
léjeuner pris en commun, je sentais qu'il y
vait là une des meilleures réformes sociales
que l'on ait pu réaliser pour l'Enfance pendant
:es dernières années.

Mais l'enfant ne reste pas toujours à l'école,
a supposer que ses parents l'y aient même
:nvoyé. Lorsque l'atelier a remplacé la classe,
e danger est encore bien plus grand, parce que
'apprenti, en contact avec des ouvriers plus
igés, a des tendances à imiter le mal plutôt
que le bien. On voit très souvent des enfants
de treize à quatorze ans fréquenter les cabarets,
)ù ils sont emmenés par des camarades plus
grands et ils contractent de bonne heure l'habitude de l'alcool qui, peu à peu, deviendra
pour certains un vice meurtrier.

Combien il serait désirable que l'on puisse organiser, dans les grands ateliers au moins (cela existe déjà dans certaines usines), des garderies analogues à celles établies dans les écoles et où l'on donnerait aux apprentis un déjeuner substantiel sous la surveillance d'un contremaître bien choisi. Ce que je dis des garçons serait encore bien plus utile pour les jeunes apprenties qui sont en butte à tous les dangers de la rue quand l'atelier se vide aux heures du repas. Combien de chutes irréparables n'ont point d'autres causes que ces heures de liberté laissées aux jeunes filles!

De plus, beaucoup d'entre elles contractent aussi l'habitude d'aller prendre leur modeste repas chez les marchands de vins du voisinage, pêle-mêle avec les consommateurs habituels ou de passage. Il serait au moins à souhaiter, pour éviter ces fâcheuses promiscuités, que des établissements de tempérance, réservés absolument aux femmes, soient créés à Paris [1], comme il en existe en Amérique et en Angleterre. Les ouvrières et apprenties ou « petites mains » pourraient ainsi, quand elles ne se-

1. Un de ces restaurants à prix réduits, entièrement réservé aux femmes, fonctionne déjà à Paris, rue d'Aboukir, c'est-à-dire au centre du quartier des affaires. L'installation, d'abord peu importante, s'est affirmée et donne aujourd'hui les meilleurs résultats.

raient pas nourries à l'atelier, trouver un lieu convenable où elles ne seraient point exposées à certains contacts démoralisants.

En résumé, il est bien difficile de surveiller efficacement les enfants qui vont à l'école ou à l'atelier. Néanmoins les crèches, les garderies à l'école, l'apprentissage chez les patrons, fournissent aux parents qui travaillent au dehors, autant de moyens de faire surveiller leurs enfants, quand ils sont empêchés de le faire eux-mêmes. Aussi, en ce qui concerne la surveillance, on peut établir deux catégories : ou bien les parents sont négligents et se désintéressent de leurs enfants, ou bien ils ont fait tout ce que leur condition sociale peut leur permettre.

Si l'on descend d'un échelon de plus, on trouve les parents franchement mauvais et indignes. J'appellerai mauvais tous ceux qui ont des instincts pervers, des habitudes vicieuses, sont débauchés ou donnent à leurs enfants des exemples funestes. Sous la dénomination d'*indignes*, je placerai ceux que la loi permet de priver de la puissance paternelle ou auxquels elle enlève tout au moins la garde de leurs enfants.

Tantôt le père seul, tantôt la mère seule, quelquefois les deux, sont mauvais ou indignes, sans que le degré d'immoralité soit le même. Dans certains cas, il faudrait éloigner l'enfant du foyer paternel, parce que l'exemple donné par le père est déplorable et que la mère, au contraire, serait digne de l'élever convenablement. D'autres fois il serait bon de prononcer la déchéance paternelle contre les deux.

Il est difficile, comme je le disais plus haut, de classer les parents par catégories. Néanmoins j'ai pu établir une proportion qui doit être bien près de la vérité.

Je considère que les familles dans lesquelles ont été élevés les enfants qui avaient été traduits en justice pouvaient être tenues, pour les trois quarts, comme susceptibles d'élever leurs enfants et pour le dernier quart comme incapables ou indignes d'exercer la puissance paternelle.

Bien entendu, dans ces deux grandes catégories de parents *normaux* ou *anormaux*, il y aurait des sous-classifications à faire, mais j'affirme que le quart environ des familles des enfants qui ont comparu devant moi étaient seules incapables ou indignes d'élever leurs enfants. Or ce n'est plus sur six cents, mais sur près de deux mille familles que j'ai fait cette constatation. Cette proportion est, à mon avis, celle que l'on doit adopter pour établir approximativement le nombre des familles

pouvant élever normalement leurs enfants, et
le nombre de celles qui offrent un danger
moral au point de vue de l'éducation de la
jeunesse.

Veut-on savoir maintenant le degré d'atta-
chement que les parents ont pour leurs enfants
alors même que ceux-ci sont pervers et coupables ?

Sur 600 parents :

264 ont demandé à ce que l'enfant arrêté ou
traduit en justice leur fût rendu ;

91 ont désiré que leur enfant fût mis en correction (or sur ces 91 enfants, 68 avaient été
déjà arrêtés, quelques-uns plusieurs fois) ;

101 préféraient que l'enfant fût placé dans un
établissement public ou privé jusqu'à 21 ans
plutôt que d'être envoyé en correction ;

55 abandonnaient l'enfant à l'Assistance publique ;

17 se désintéressaient complètement de leur
enfant.

Parmi ceux qui voulaient abandonner l'enfant
à l'Assistance publique se trouvaient surtout des
grands-parents ou des collatéraux ayant pris
charge, jusqu'au jour de son arrestation, de
l'enfant orphelin ou abandonné de ses parents.

On voit, en somme, que près de la moitié
des parents avaient réclamé leur enfant malgré

la faute commise, et pour la plupart, comme nous le verrons plus loin, ces enfants avaient des frères et sœurs qui se conduisaient bien. Les familles revendiquaient néanmoins la charge de les reprendre et de tenter de les corriger.

CHAPITRE IV

Les rapports de la famille avec la Société. — Les droits et les devoirs des parents. — Les lois protectrices contre ies familles indignes ou coupables.

La famille a des droits et des devoirs vis-à-vis des enfants, mais la société en a aussi à l'égard des familles. Les rapports entre la collectivité et les individus sont réglés tantôt par des lois, tantôt par des conventions sociales nées des sentiments d'humanité et de philanthropie qui existent dans tous les pays à des degrés différents.

Ou bien la famille est aisée et peut se passer de la société pour les besoins de son existence matérielle ou morale, ou bien il y a lieu d'intervenir pour donner à ceux qui sont nécessiteux ce qu'ils ne peuvent se procurer malgré leurs efforts. Le premier devoir de la société est l'assistance des malheureux, mais la charité privée est une force puissante qui doit se combiner avec l'action protectrice émanant de la collectivité.

De nombreuses lois d'assistance ont institué progressivement l'organisation de la protection matérielle des malheureux, et chaque jour un pas nouveau est fait dans cette voie généreuse. Des lois philanthropiques et sociales se succèdent, mais les infortunes physiques et morales de ceux qui ont droit à être secourus, ont besoin de l'initiative privée pour trouver des éléments suffisants pour être combattues, sans que jamais, hélas! l'on puisse espérer venir en aide à tous ceux qui souffrent.

L'Assistance publique instituée dans chaque département, dans chaque commune, sera bientôt organisée dans le pays tout entier, grâce à un ensemble de réformes qui sont à l'ordre du jour, mais dont la réalisation n'a pu être immédiate. On a créé et multiplié les secours à domicile, et les bureaux de bienfaisance contrôlent les aumônes et recherchent les misères cachées. Des hôpitaux, des hospices de toutes sortes se sont édifiés, la plupart du temps grâce à la générosité de riches donateurs. A Paris, leur nombre et leur importance permet de soigner les malades et d'assurer à l'enfance ou à la vieillesse des refuges précieux. Des institutions privées complètent ces moyens d'assistance, qu'il serait trop long d'énumérer et de décrire.

Je dois me préoccuper plus spécialement des devoirs moraux de la société vis-à-vis des parents, quand ceux-ci ne donnent point à leurs enfants une direction normale.

Dans la dernière partie de mon étude, j'examinerai quels sont les droits de correction que les parents ont vis-à-vis de leurs enfants. Je veux pour le moment, après avoir indiqué les devoirs que ceux-là ont vis-à-vis de ceux-ci, indiquer quels sont les moyens d'intervention légale, quand les parents commettent un manquement grave aux obligations morales qui leur sont imposées.

Nous avons vu que les parents peuvent être classés en négligents, incapables ou indignes. Si la loi n'atteint pas suffisamment les deux premières catégories, elle a prévu pour les indignes des cas de déchéance spéciaux.

Je vais citer tout d'abord quelques exemples tirés des nombreuses affaires que j'ai instruites concernant des parents indignes ayant engagé leurs enfants dans la voie du mal.

Dans une première affaire, la mère, veuve, poussait son fils à voler du vin à son patron pour le lui apporter; le vol n'était pas bien grave, mais le patron n'avait porté plainte que pour dénoncer cette mère dénaturée, qui, la nuit venue, amenait dans sa chambre des amants de rencontre qui couchaient dans le même lit qu'elle et son fils. Cet enfant a été arraché à cette mère, qui a lutté jusqu'au dernier moment pour le conserver.

Que dire de ces jeunes filles poussées au vice par leur propre mère, ordinairement dans un but horrible de lucre? Il en a comparu devant moi, et je vais en citer deux ou trois exemples. Une mère, d'une moralité déplorable, se livrait à des amants de rencontre en présence de ses enfants : elle abandonna sa fille aînée à un employé pour vingt francs. Les deux complices furent condamnés à trois ans et à six mois de prison ; quant à la fille, elle persista dans ses débordements, son père était impuissant à la ramener vers le bien et elle fut envoyée en correction.

Une autre mère avait également livré sa fille à un commerçant qui, non content d'avoir en même temps et la mère et la fille pour maîtresses, emmena cette dernière dans des maisons de prostitution pour achever de la corrompre en la faisant assister à des spectacles démoralisants. Or, ceci se passait en province, dans une toute petite ville, et ce fut à la suite d'une arrestation pour vagabondage que la jeune fille, âgée de 15 ans, qui pratiquait la prostitution à Paris, raconta sa triste odyssée, récit qui amena l'arrestation de sa mère. Celle-ci fut condamnée à deux ans de prison, et son complice à quatre mois de la même peine : le tribunal profita de l'occasion pour envoyer l'enfant en correction jusqu'à 20 ans.

Dans d'autres circonstances, les jeunes filles arrêtées pour prostitution accusent injustement leur mère ou leur sœur aînée de les avoir poussées à l'inconduite. Une fillette de 14 ans, qui avait articulé une accusation de cette nature contre sa mère, fut convaincue de mensonge ; et s'il était possible de reprocher à la mère de vivre irrégulièrement, elle n'avait cependant rien fait pour pervertir sa fille : cette dernière fut envoyée en correction.

Une autre fille mineure, âgée de 15 ans, se livrant à la prostitution sur la voie publique, accusa sa sœur aînée, âgée de 20 ans, de l'avoir poussée à la débauche. Elle mentait aussi : sa sœur était un excellent sujet, et seule, parmi ses frères et sœurs, elle avait des instincts vicieux : elle a été naturellement envoyée en correction. Ces deux derniers exemples montrent combien il faut contrôler les dires des enfants, qui mentent souvent pour se disculper.

D'autres fois, c'est la cupidité des parents qui amène la corruption des enfants :

Il y a peu de temps, j'ai observé une de ces familles abominables dans laquelle la mère démoralisait successivement ses enfants, en leur faisant pratiquer des soustractions délictueuses, ou en les poussant à la débauche : son fils, âgé de 15 ans, se rendait chez les bijoutiers, et enlevait subrepticement des bijoux précieux qu'il rapportait à sa mère, et celle-ci les écoulait contre argent comptant; sa fille avait été condamnée pour vol, et entre temps se livrait à la prostitution ; deux autres enfants, encore en bas âge, étaient jusqu'à présent indemnes de la contagion vicieuse de la mère; seul, le fils aîné avait pu fuir à temps cet épouvantable milieu et était demeuré bon sujet.

Voici encore deux exemples frappants.

Une mère avait poussé son fils, âgé de 14 ans, à voler dans le coffre-fort de son patron, à différentes reprises, plusieurs milliers de francs qui servirent à l'acquisition d'un fonds de marchand de vins, où toute la famille, le père, la mère et les autres enfants vécurent en liesse jusqu'au jour où la justice intervint et condamna ces parents indignes auxquels elle enleva la puissance paternelle.

Une autre mère, celle-là dans un esprit de lucre bien particulier, avait organisé avec ses quatre enfants, dont l'aîné avait 12 ans à peine, une série de vols dans les bazars et les grands magasins de nouveautés. Pendant qu'elle opérait avec ses deux filles au Louvre ou au Bon-Marché, le père attendait à la porte du bazar de l'Hôtel-de-Ville ses deux fils qui venaient lui apporter, au fur et à mesure, les objets volés aux étalages. Un inspecteur vigilant vit le manège, et l'enfant ayant raconté la vérité, toute la famille fut arrêtée. On découvrit à leur domicile des centaines de marchandises volées représentant plusieurs milliers de francs. Or qu'on ne s'imagine pas que la misère avait poussé ces gens-là à voler. On trouva, en effet, sur la mère, lors de son arrestation, des obligations valant une vingtaine de mille francs et qui provenaient d'économies dûment gagnées pendant qu'elle était domestique. Je veux bien que, l'anse du panier aidant, elle avait pu réunir plus facilement encore cette petite fortune, mais son seul but, en faisant voler ses enfants et son mari, avait été, pour elle aussi, de compléter l'installation d'un débit de vins qui allait s'ouvrir lorsque tous furent arrêtés.

Ces parents-là, on le comprend aisément, si leur complicité n'avait point été découverte, auraient insisté pour que leurs enfants leur fussent rendus. Seuls ils étaient coupables, et les enfants, aujourd'hui placés à l'Assistance publique, de-

viendront de bons sujets, car ils n'avaient été
que des instruments inconscients et n'étaient
point mauvais par eux-mêmes.

Il me reste à parler, puisque j'y suis amené
par le récit précédent, des vols commis dans
les magasins de nouveautés par des parents et
leurs enfants. C'est le plus souvent la mère et
la fille qui commettent ce genre de vol, à l'insu
du mari, honnête ouvrier ou employé, con-
sterné d'apprendre un événement que rien ne
pouvait faire prévoir. Ces sortes de vols sont
nombreux, et pour mon compte, j'estime à plus
de cent ceux que j'ai connus personnellement
pendant ces dernières années.

Parfois, il peut arriver que la mère ne soit pas
très bien équilibrée et qu'elle ait le sens moral
oblitéré. Lorsque le médecin aliéniste a reconnu
une irresponsabilité absolue ou relative, ce qui
est l'exception, le vol s'explique. Mais, la plupart du temps, c'est le simple désir de se procurer des objets que l'on ne veut pas payer; en un
mot, la cupidité et, le plus souvent, la coquet-
terie ont déterminé la mère non seulement à
voler, mais encore à employer sa fille à commettre ces larcins faciles.

Ce genre de vol est bien connu des inspecteurs des grands magasins : chaque semaine ils
prennent en flagrant délit des femmes et leurs

filles en train de soustraire aux différents rayons des magasins, de préférence à l'intérieur, toutes sortes d'objets, voire même des vêtements ou des chapeaux. On prend ce que l'on peut, parce que l'on a la ressource de revenir le lendemain rendre au rayon l'objet volé sous prétexte qu'il a cessé de plaire. On l'échange parfois contre un autre. Souvent le vol reste inaperçu, et la supercherie du *rendu*, selon l'expression consacrée, peut ainsi réussir.

Mais l'audace devient d'autant plus grande que l'impunité a tardé davantage, et presque toujours les coupables sont découverts au bout d'un certain temps. On trouve alors au domicile des délinquantes toutes sortes de marchandises volées, que les employés des grands magasins reconnaissent aisément à certains signes. Les maris, comme je l'ai déjà dit, sont presque toujours ignorants; et combien sont-ils douloureusement surpris de cette triste découverte!

Le tribunal saisi de ces sortes d'affaires condamne la mère en lui appliquant une peine en rapport avec l'acte commis, lui accordant parfois la loi de sursis si c'est une première faute, et s'il le juge bon en vue du relèvement moral, mais il rend forcément la fille au père qui n'a point démérité. Alors l'enfant reste en contact avec cette mère flétrie et continuera d'être éle-

vée par elle, le père étant presque toujours
absent à cause de son travail.

Dans l'état de la législation, c'est la seule solution possible. Aussi il arrive bien souvent que
la mère recommence et entraîne de nouveau sa
fille avec elle. Le père seul continue d'être
honnête, et, en cas de récidive, se trouve dans
la cruelle nécessité de se séparer de sa femme
pour reprendre sa fille, s'il ne veut pas voir
celle-ci envoyée dans une maison de correction,
pour un acte qui ne lui est pas absolument personnel et qui lui a été imposé par sa mère.

Je reviendrai sur cette question quand j'étudierai la *répression* et la *préservation* des enfants coupables, mais je tiens à rechercher
comment ces sortes de vols, si fréquents, sont
commis, alors que les auteurs de ces larcins seraient incapables d'en accomplir d'autres. Il y a
là une déformation de la conscience qui est très
explicable. Certaines personnes pensent qu'il est
moins grave de voler aux étalages des grands
magasins que de s'emparer d'un objet quelconque dans tout autre lieu, voire même dans un
autre magasin moins accessible. On vole d'abord
un petit objet insignifiant, puis l'appétit vient et
on finit par devenir une voleuse de profession
et à apprendre à voler à son enfant, sans que la
transition entre l'état d'une conscience saine et

celui de l'oblitération du sens moral puisse être nettement observée. Tantôt la chute est rapide, tantôt la lutte contre le désir mauvais est plus longue.

L'*entrée libre* dans les grands magasins peut être une nécessité économique et commerciale, mais pour certaines natures elle détermine très sûrement des actes délictueux, qui ne sont pas dus à des impulsions morbides mais bien à la fascination éblouissante à laquelle ne résistent point certaines volontés. Ce qui est déplorable surtout, c'est de voir que des enfants sont entraînés à voler dans les magasins par une mère qui serait restée honnête si elle n'y était point entrée. J'ai tenu à montrer cette triste conséquence de notre civilisation moderne, qui a créé un nouveau délit devenu bien fréquent dans les grandes cités.

J'en ai fini avec l'énumération des familles mauvaises et coupables ; j'ai voulu simplement tracer un tableau à peine ébauché des différentes causes de démoralisation provenant des parents. L'ivrognerie, la débauche et la cupidité sont les facteurs les plus fréquents pouvant déterminer des parents à faire tomber leurs enfants dans la déchéance morale à laquelle ils sont parvenus peu à peu eux-mêmes, à la suite de transactions successives avec leur conscience.

Pour les familles qui ont conservé le culte de la morale et de la probité, il n'y a pas à redouter qu'ils entraînent au mal leurs enfants. Ceux-ci pourront devenir criminels à la suite de circonstances diverses que j'étudierai plus loin. Mais le viatique puissant qui les ramènera dans le droit chemin sera toujours la direction morale de leurs parents.

Le Code pénal protège l'enfant plus fortement contre les crimes ou délits commis par ses parents à son égard, que si les auteurs en étaient des étrangers. Sans parler de l'infanticide, de l'avortement, de l'abandon, des aggravations de peines sont prononcées contre les parents ou tuteurs pour certains crimes ou délits de mœurs, et les droits de puissance paternelle leur sont enlevés; je note en passant, sans revenir à la question du divorce, que le tribunal enlève à celui des deux époux qui lui a paru indigne la garde des enfants issus du mariage rompu.

Mais le Code n'avait point prévu tous les cas d'indignité. En présence de l'exploitation éhontée des enfants employés à la mendicité, la loi du 7 décembre 1874 a apporté un premier remède. Ce fut surtout la loi du 24 juillet 1889 qui organisa la déchéance paternelle et la protection des enfants maltraités ou moralement abandonnés. Les parents sont déchus de plein droit, d'après cette loi : 1° s'ils sont condamnés pour avoir excité leurs enfants à la débauche; 2° s'ils sont condamnés comme auteurs, co-auteurs ou complices d'un crime commis sur la personne d'un ou de plusieurs de leurs enfants; 3° s'ils ont encouru deux condamnations pour un délit semblable; 4° enfin, s'ils ont été condamnés deux fois pour excitation habituelle de mineurs à la débauche. Bien entendu, la déchéance est générale, elle existe à l'égard de tous les enfants, même vis-à-vis de ceux qui n'ont point eu à souffrir d'eux.

Dans certains cas, la déchéance n'est que facultative. Elle peut être prononcée quand le père ou la mère sont condamnés aux travaux forcés, s'ils ont encouru deux condamnations pour attentat contre un nouveau-né, vagabondage, ivresse ou excitation de mineurs à la débauche. Enfin ils peuvent être déchus si leur inconduite est notoire, leur ivrognerie habituelle ou s'ils se livrent sur l'enfant à des mauvais traitements répétés. Outre le ministère public, les proches parents du mineur, jusqu'au degré de cousin germain, peuvent provoquer, devant le tribunal du domicile des père et mère, l'action en déchéance.

Quand le père seul est indigne, la mère peut être investie, par le jugement, des droits de puis-

sance paternelle enlevés au chef de la famille.
Mais si c'est la mère qui mériterait d'être frap-
pée, comme elle ne détient pas la puissance
paternelle, tant que le père vit, sa présence
dans la famille peut amener des résultats
funestes. Contre cette situation, aucun remède
n'est apporté, ce qui est fâcheux, car le cas se
présente assez fréquemment.

Lorsque la déchéance est prononcée contre
le père et la mère ou que cette dernière est
veuve et qu'elle est indigne, il faut pourvoir à
l'organisation de la tutelle comme si l'enfant
était orphelin. Bien rarement ce sera un parent,
parce que cette tutelle n'étant pas obligatoire,
on ne trouvera pas facilement un tuteur. Aussi
le plus souvent, surtout dans la classe peu
aisée, les enfants deviennent les pupilles de
l'Assistance publique qui les immatricule dans
un service spécial dit des enfants *moralement
abandonnés*. L'application de la loi a eu pour
résultats, depuis sa promulgation, de doter
l'Assistance publique de Paris, de près de
20 000 enfants dont les parents ont été déchus
de la puissance paternelle.

Cependant l'Assistance publique n'est pas
toujours, de droit, la tutrice de l'enfant. La loi
permet à toute personne recommandable de
solliciter du tribunal, pendant l'instance en

déchéance, que l'enfant lui soit confié. Cette tutelle officieuse, en pratique, n'est pas très souvent sollicitée, mais j'en connais quelques exemples, surtout quand il s'agit d'enfants en bas âge dont on peut espérer pouvoir diriger complètement l'éducation. Les associations autorisées peuvent aussi être investies des droits paternels. Une société puissante, l'Union française pour le Sauvetage de l'Enfance, fondée par le regretté Jules Simon, s'est vouée à cette mission d'arracher les enfants aux parents indignes.

Malheureusement les sociétés, même reconnues, n'ont point le droit de provoquer la déchéance ; elles peuvent seulement signaler à qui de droit les parents qui tombent sous le coup de la loi de 1889. Cette intervention officieuse a souvent amené des résultats salutaires et fait découvrir des situations qui, faute de courage de la part de ceux qui les connaissaient, se perpétuaient pour le malheur des enfants qui en étaient victimes.

A Paris surtout, où l'on vit presque ignoré, sinon dans sa maison, du moins dans son quartier, sans compter les déménagements fréquents de certaines familles, bien des immoralités ne sont connues que quand il se produit un fait exceptionnel qui les signale à ceux qui peuvent légalement intervenir.

La loi de 1889 a, en outre, établi une innovation heureuse qui permet à ceux qui ont charitablement recueilli des enfants délaissés par leur famille, que ce soit une association ou un simple particulier, de lutter contre les parents quand ceux-ci, par un caprice passager ou dans un but quelquefois immoral et intéressé, veulent revendiquer les droits auxquels ils avaient pour ainsi dire tacitement renoncé. Pourvu qu'une déclaration soit faite régulièrement aux autorités administratives dans des formes prévues, par ceux qui ont ouvert leur foyer à l'enfant abandonné, les parents mis en demeure ne peuvent plus, après un court délai, reprendre leur enfant sans l'intervention judiciaire. Le tribunal peut même être saisi directement, par les personnes charitables ayant recueilli l'enfant, d'une requête en vue d'obtenir que l'exercice des droits de la puissance paternelle leur soit confié. La décision judiciaire crée alors pour l'enfant une situation régulière vis-à-vis de ses protecteurs officieux et son sort est définitivement assuré.

Des parents vont quelquefois au-devant de cette décision, et, sur la demande d'associations charitables autorisées, leur abandonnent tous leurs droits de puissance paternelle. Mais, bien entendu, ce pacte ne saurait être définitif si le tribunal ne l'a point sanctionné.

La déchéance paternelle est une peine fort grave, car elle atteint les parents dans leurs affections les plus vives, d'autant plus qu'elle est prononcée non seulement pour tous les enfants vivants, mais même pour ceux à naître. Or, bien souvent, tels parents qui se désintéressent complètement d'un ou plusieurs de leurs enfants sont cruellement atteints par la séparation de l'un d'eux sur lequel ils avaient reporté toute leur affection. Et puis, la déchéance une fois prononcée définitivement, on n'obtient pas facilement la restitution de la puissance paternelle. Il faut un nouveau débat judiciaire où toutes les précautions sont prises, pour que le tribunal ne revienne qu'à bon escient sur une mesure prononcée dans des circonstances graves et limitées par la loi.

Les enfants élevés par des parents indignes sont fortement protégés, comme on le voit, par cette loi tutélaire qui n'a que dix ans d'existence et qui a produit des résultats consolants. C'est un grand progrès, mais il devait être suivi d'un autre qui a ajouté encore une nouvelle protection pour l'enfance coupable ou maltraitée. La loi du 19 avril 1898 a eu surtout pour but de réprimer les violences, les actes de cruauté et attentats commis envers les enfants, mais elle contient dans ses articles 4 et 5 des dispositions nouvelles qui sont une véritable innovation en vue de la préservation de l'enfance.

L'article 4 permet au juge d'instruction, dans tous les cas de délits ou de crimes commis par des enfants ou sur des enfants, d'ordonner, en tout état de cause, le ministère public entendu, que la garde de l'enfant soit provisoirement confiée, jusqu'à ce qu'il soit intervenu une décision définitive, à un parent, à une personne ou à une institution charitable qu'il désignera ou enfin à l'Assistance publique. Toutefois les parents de l'enfant, jusqu'au cinquième degré inclusivement, son tuteur ou son subrogé-tuteur et le ministère public, pourront former opposition à cette ordonnance ; l'opposition sera portée devant la chambre du conseil. L'article suivant dit que dans les mêmes cas les cours ou tribunaux, saisis du crime ou du délit, pourront, le ministère public entendu, statuer définitivement sur la garde de l'enfant.

Je reviendrai plus tard sur la signification du mot *garde* employé par la loi et sur la portée que peut avoir cette loi en vue de la préservation de l'enfant coupable. Je ne veux retenir pour le moment que la mesure tutélaire créée par ce texte en vue de soustraire l'enfant à l'autorité des parents. Dans le cas prévu, d'un crime ou d'un délit commis sur l'enfant, on enlève l'enfant à ceux qui l'ont maltraité ou qui ont commis sur lui un attentat quelconque. Seul l'enfant qui a été victime de l'acte délictueux est enlevé à ceux ou à celui qui l'ont commis. On respecte les droits des parents sur les autres enfants qui n'ont point eu à souffrir de leur brutalité.

La loi a ainsi protégé l'enfant martyrisé ou maltraité sans vouloir faire déchoir l'auteur de brutalités de ses droits vis-à-vis de tous ses enfants. C'est une sage précaution. J'ai vu, en effet, très souvent dans des familles où il y avait plusieurs enfants, un de ceux-ci être l'objet de mauvais traitements de la part de ses parents ou de l'un d'eux seulement, alors que les autres étaient bien traités et même choyés. La plupart du temps c'était un enfant naturel, reconnu ou légitimé par le père pour effacer une faute à laquelle il était resté étranger. Les représailles venaient ensuite, quand des enfants issus du mariage, vraiment nés de lui, venaient se placer à côté du paria introduit dans la famille à la suite d'une condescendance bien vite regrettée.

La mère elle-même, pour complaire au mari, et voyant dans cet enfant né d'un père quelquefois inconnu, comme un reproche vivant de la faute passée, partage l'aversion commune pour cet être sans défense qui devient bientôt le souffre-douleur de tous, même des frères et sœurs entraînés par l'exemple des parents. Le bon Perrault, en écrivant l'histoire de Cendrillon, a tracé un tableau bien vrai. Sans parler des enfants nés d'un autre mariage ou dans des conditions anormales, il y a chez certains parents, pour des motifs ignorés, d'inexplicables antipathies pour certains de leurs enfants, et cet état psychologique amène souvent de leur part des actes blâmables qui vont jusqu'à l'oubli de leurs devoirs.

Ne vaut-il pas mieux, dans ce cas, soustraire l'enfant maltraité à l'autorité de ceux qui n'ont pour lui que de l'aversion et de la méchanceté? Et puis, quand ce sera seulement la mère qui se montrera cruelle et injuste pour des enfants qu'elle n'aura point mis au monde, ce qui est très souvent le cas, on enlèvera la garde de ces enfants même à leur père, qui n'aura pas su les protéger contre les brutalités de sa femme, soit par faiblesse, soit parce qu'il n'en aura pas été témoin.

Quel sera le degré de la déchéance? La loi ne le dit pas; elle prononce le mot *garde*, sans autre commentaire ni explication. Je reviendrai sur cette question quand je m'occuperai de la loi de 1898, en ce qui concerne les enfants coupables. Pour ces derniers, on peut concevoir que les droits de puissance paternelle ne soient point enlevés, si le père et la mère n'ont à se reprocher que leur négligence et encore moins s'ils ont été seulement impuissants à corriger leur enfant; mais pour les parents qui ont martyrisé les leurs, il est difficile d'admettre qu'ils puissent détenir encore le droit de correction, alors qu'ils sont jugés indignes d'en conserver la garde.

Le législateur aurait dû être plus explicite, car les déchéances sont, comme les pénalités, de droit étroit et ne peuvent point être étendues au delà des termes de la loi. Que signifie donc le mot garde? Je pense qu'il comprend tous les attributs du droit d'éducation et même de correction; sans quoi, on verrait une étrange anomalie : celui qui aurait reçu la garde de l'enfant, devrait s'adresser au père indigne pour obtenir la correction paternelle, au cas où cet enfant viendrait à mal se conduire!

Ce raisonnement seul conduit à penser que le législateur n'a pu, au moins en ce qui concerne les parents qui ont commis des crimes ou des délits sur la personne de leurs enfants, leur laisser d'autres droits que ceux qui peuvent se rapporter aux intérêts pécuniaires ou peut-être

à certains actes de la vie civile, tels que le mariage.

Quoi qu'il en soit, les parents sont atteints
d'une façon encore plus large, par cette loi,
dans leurs droits de puissance paternelle,
puisque, même au cas d'un délit commis par
leur enfant, la garde de celui-ci peut leur être
enlevée, sans qu'ils aient commis d'autre faute
qu'un défaut de surveillance. C'est la préservation officiellement proclamée, mais timidement
organisée, sans l'intervention efficace de l'État
qui ne fait que prêter son autorité judiciaire
pour la prononcer, sans donner autrement son
concours.

J'ai rapidement esquissé les droits de la
société vis-à-vis des parents, quand ceux-ci
manquent à leurs devoirs primordiaux. Bien
d'autres prescriptions légales pourraient être
encore indiquées qui règlent cette sorte de *con-
trat social* existant entre l'État et les familles.
On pourrait citer les lois scolaires, qui pres-
crivent l'obligation de l'instruction et qui prévoient des pénalités, d'ailleurs fort peu sévères
et presque jamais appliquées, vis-à-vis des parents qui sont négligents et qui n'envoient point
régulièrement leurs enfants à l'école.

En réalité, la déchéance paternelle et la privation de la garde des enfants est la sanction

la plus efficace vis-à-vis des familles qui se sont montrées coupables ou indignes. Il me semble que l'on pourrait aller plus loin encore et que comme cela est préconisé par certains esprits, on pourrait atteindre aussi, ne serait-ce que par des mesures comminatoires ou des pénalités légères, certains parents d'une négligence notoire qui se sont montrés rebelles à toutes les admonitions.

En un mot, les familles devraient être rendues responsables de leur mauvaise volonté, quand elles ont, malgré tous les moyens mis à leur disposition, laissé leurs enfants suivre la voie du mal, sans chercher à leur en interdire l'accès.

DEUXIÈME PARTIE

LES ENFANTS

CHAPITRE PREMIER

Les délits commis par les enfants à Paris. — Les vagabonds, les voleurs, les mendiants, etc.

Après avoir présenté la situation sociale et morale des parents et avant de continuer l'enquête statistique concernant les 600 familles sur lesquelles j'ai réuni des documents détaillés, il me paraît indispensable de présenter des observations générales embrassant la totalité des mineurs de 16 ans traduits en justice à Paris, pendant ces dernières années, et de tracer ensuite la monographie des deux délits d'élection de l'enfance : le vol et le vagabondage.

Je donne tout d'abord quelques chiffres qui démontrent que ces deux délits sont ceux qui sont commis le plus fréquemment par les enfants.

Pendant les années 1897, 1898 et 1899, voici quel a été le nombre des arrestations concernant les mineurs âgés de moins de 16 ans.

En 1897, sur 1 211 enfants de cet âge arrêtés, il y a eu :

426 voleurs,

511 vagabonds,

110 mendiants,

Et 164 autres délinquants.

En 1898, sur 1 300 mineurs de 16 ans arrêtés, il y a eu :

440 voleurs,

549 vagabonds,

119 mendiants,

Et 192 autres délinquants.

En 1899 sur 1 096 mineurs de 16 ans arrêtés, il y a eu :

411 voleurs,

441 vagabonds,

88 mendiants,

Et 156 autres délinquants.

Comme on le voit, les voleurs et les vagabonds forment près des quatre cinquièmes des enfants traduits en justice. Le tiers environ de ceux-ci seulement, comme nous le remarquerons plus loin, sont déférés devant le Tribunal correctionnel et, parmi ces derniers, la moitié à peine sont soumis à l'éducation correctionnelle.

Veut-on savoir maintenant comment l'enfant devient voleur, vagabond ou mendiant ? Voici les exemples et les renseignements les plus instructifs que j'ai pu recueillir.

Prenons les plus nombreux tout d'abord : les vagabonds.

Je ne veux pas rechercher si le vagabondage des enfants est un délit ou une *convention judiciaire*, et pénétrer dans les détails de la discussion. Je m'abstiendrai même d'en formuler une définition juridique, ce qui serait fort difficile, étant donnée celle contenue dans l'article 278 du Code pénal ; le texte devrait être complété en ce qui concerne les enfants, pour lesquels il n'a certainement point été rédigé. Néanmoins, la jurisprudence admet que l'enfant peut être vagabond et poursuivi comme tel.

L'enfant est porté à quitter la maison paternelle pour errer au dehors : il fait du vagabondage, pouvons-nous dire, comme M. Jourdain faisait de la prose, sans le savoir. Malheureusement cette tendance est déplorable, parce que, on le conçoit aisément, l'enfant flânant au hasard, toutes les sollicitations de la rue peuvent l'assaillir. Il m'a été donné de voir des enfants qui, dès l'âge de 7 ans, étaient des vagabonds incorrigibles.

Pour l'enfant vagabond, le foyer familial, c'est la rue; le toit paternel, c'est l'arche des ponts; le lit, c'est le banc qu'il rencontre ou le fond des bateaux ou des voitures laissées sur la voie publique. Et, chose déconcertante, la plupart des vagabonds qui ont passé devant moi avaient des parents bons et dévoués, des frères et des sœurs qui vivaient sagement au foyer de la famille.

Le jeune vagabond supporte aisément toutes les souffrances matérielles; coucher à la belle étoile n'est rien pour lui; le froid, la faim ne l'abattent pas : tout, plutôt que de retourner à l'école, à l'atelier, ou de réintégrer le logis paternel.

Parfois l'enfant reste des mois entiers loin de chez lui, et il s'ingénie seulement à réunir à la fin de la journée la somme nécessaire pour payer sa place au coucher et s'acheter de quoi souper. Il ne réussit pas toujours, et quoiqu'il fasse des corvées aux Halles ou ailleurs, quoique le soir, devant l'entrée des théâtres, il *fasse* les portières, il ne parvient pas toujours à réunir les quelques sous dont il peut avoir besoin pour manger et se loger.

Les jeunes vagabonds préfèrent, je le répète, les privations, les souffrances physiques et les intempéries climatériques, toutes les vicissi-

tudes, en un mot, plutôt que de partager
l'existence paisible, et certainement moins rude,
de la famille, de l'atelier ou de l'école.

C'est là un curieux problème de psychologie. Faut-il supposer pour l'indépendance un
goût exagéré dont l'enfant ne se rendrait pas
compte? Faut-il faire intervenir un instinct?
Ces deux hypothèses semblent aventurées. On
a défini en effet l'instinct: un sentiment intérieur
soustrait à la réflexion, qui porte à exécuter
certains actes sans avoir la notion de leur but:
à se servir de moyens toujours identiques à
eux-mêmes, sans aptitude à chercher à s'en
créer d'autres, et à se rendre compte des rapports qui existent entre les moyens et le but.
C'est la définition de l'instinct la plus généralement admise; en tout cas elle ne concorde
pas suffisamment avec l'attitude des enfants
vagabonds, pour l'admettre comme explication,
car ceux-ci ne réfléchissent pas, il est vrai, mais
ils perçoivent nettement le but à atteindre : s'en
aller au dehors; ils n'emploient pas des moyens
qui se ressemblent constamment, ils en créent
au besoin de nouveaux.

Tantôt, par exemple, ils s'enfuient simplement de la maison paternelle, tantôt ils se
servent de ruses variées, et plus ou moins bien
combinées, pour arriver à leurs fins; ils cal-

culent par conséquent les rapports entre les
moyens employés et le but à atteindre. Ce
sont là, il semble, des constatations qui ne
concordent pas avec la définition de l'instinct,
et, conséquemment, il n'apparaît pas que l'enfant
vagabond obéisse à ce genre de sentiment en
opérant sa fugue.

Si, scientifiquement, le vagabondage n'est
pas le résultat d'un instinct qui provoque l'acte
accompli, est-il l'effet d'une conception plus ou
moins intelligemment mise en œuvre? Dans
certains cas, assurément oui; tout à l'heure, je
rapporterai l'exemple d'un enfant, ayant composé son récit avec une habileté très adroite,
très cohérente qui, sûrement, relevait de l'intelligence.

Mais alors le vagabondage, acte normal, serait-il le résultat d'une déviation pathologique
de l'intelligence? Chez certains enfants, c'est
incontestable; seulement, ce sont des malades;
mais chez un bien plus grand nombre assurément, le vagabondage ne dépend pas de la
maladie. Alors, dans quelle disposition orga-
nique prend-il sa source? Je n'en connais pas
d'explication précise, et s'il fallait absolument
donner une interprétation, je reproduirais,
comme en une sorte d'apologue, le passage
d'une des pièces de notre immortel Molière.

L'auteur fait demander à un de ses personnages, Sganarelle, intronisé médecin malgré lui, pour quel motif une jeune fille, contrariée dans ses sentiments d'amour, est atteinte de mutisme, et le médecin improvisé, sans se déconcerter et à la satisfaction de son interlocuteur, répond gravement qu'elle est muette parce qu'elle a perdu la parole.

Eh bien ! dans l'état actuel des connaissances psychologiques, il n'est pas possible de préciser scientifiquement l'opération intellectuelle qui pousse les enfants à abandonner la vie de famille, et la seule explication qui nous semble logique et justifiée, c'est de dire que l'enfant devient vagabond parce que... il est porté au vagabondage.

Peut-être le penchant à commettre ce délit réside-t-il dans la curiosité souvent si active qui est innée chez l'enfant. Combien on en a vu, en effet, qui ont entrepris de longs et pénibles voyages en chemin de fer ou à pied pour voir Paris, dont ils avaient ouï dire les merveilles. En somme, si la curiosité n'est pas l'unique agent du vagabondage chez l'enfant, elle paraît en être un des principaux facteurs. C'est du moins l'impression laissée par les nombreuses confidences reçues de la majorité des jeunes vagabonds, en y adjoignant aussi cet

amour de la liberté et de l'indépendance qui est
ancré en eux. Or cette tendance est parfaitement guérissable pourvu que l'on emploie des
moyens sérieux de préservation.

Jusqu'ici, il n'a été question que d'enfants
heureux; mais il faut aussi faire entrer en compte
ceux qui, comme je l'ai dit plus haut, appar-
tiennent à des unions irrégulières, ou bien
dont le père ou la mère se sont remariés, ou
bien qui, orphelins, vivent chez leurs grands-
parents, chez leurs oncles, chez leurs tantes;
ou bien encore dont l'existence s'écoule au sein
d'une de ces familles de fantaisie dans lesquelles
le père ou la mère, veufs ou divorcés, cohabi-
tent en concubinage; enfin ceux qui, victimes
de ces situations sociales, sont maltraités, vio-
lentés, privés d'affections et ne trouvent ni ten-
dresse ni sollicitude dans la famille désemparée
qui leur reste, sans compter que souvent ils sont
jetés à la porte et qu'ils vagabondent malgré
eux, n'ayant point songé à quitter un intérieur
même déplorable.

On comprend aisément que ces enfants s'é-
vadent en quelque sorte d'un milieu qui ne
leur rapporte que des châtiments corporels ou
l'indifférence et que, l'amour de la liberté aidant,
ils poursuivent la recherche, souvent chimé-
rique, d'un toit plus hospitalier. Pour ceux-ci,

le vagabondage avec ses déconvenues cruelles peut les attirer : mais pour les autres, c'est le sentiment d'indépendance qui les pousse dans la rue, les rend indifférents à tout, leur fait braver les privations douloureuses, sans que l'idée mauvaise qui leur a fait quitter la famille reçoive la moindre atténuation. Le désir de rompre irrémédiablement le fil conducteur qui pourrait les ramener chez eux est si vif, que beaucoup d'entre eux, quand ils sont arrêtés par la police, cachent soigneusement leur identité : ils se prétendent orphelins, donnent de faux noms, se créent des états civils imaginaires, inventent des histoires plus ou moins vraisemblables, afin de dépister les recherches.

C'est ainsi que s'est comporté un des enfants vagabonds qui a passé dans mon cabinet. Il me raconta la mort lamentable de ses parents, vanniers ambulants, qui, disait-il, avaient été transportés à l'hôpital de Melun et y avaient succombé.

Maintenu en cellule à la Petite-Roquette, le jeune vagabond persista dans son récit. Enfin, un jour, comme je lui demandais pour la troisième fois quel était son genre de vie à Melun, s'il allait jouer aux bords de la rivière : « Mais il n'y a pas de rivière à Melun », répondit-il. Cette exclamation qui lui avait échappé me démontra que toutes les histoires racontées par l'enfant étaient inventées. Je lui expliquai que Melun était bordé par la Seine; il finit par avouer qu'il avait menti, et peu à peu il fut amené à donner et son nom et l'adresse de ses parents.

Ceux-ci, éplorés, cherchaient leur enfant de tous les côtés depuis un mois; c'étaient d'honorables artisans des environs de Paris, ayant presque de l'aisance. Quand ils retrouvèrent leur fils, ils ne purent contenir leur émotion, les larmes s'échappèrent de leurs yeux, et celles-ci étaient plus touchantes assurément que celles de l'enfant prodigue qu'on leur rendait; car lui ne regrettait qu'une chose, c'est que son mensonge eût été découvert. Il avait préféré la rue et même la cellule à la vie heureuse dont il pouvait jouir chez ses parents.

Un autre, tout dernièrement, me racontait que ses parents, saltimbanques de profession, l'avaient abandonné pour aller dans le midi de la France, sans indiquer le lieu où ils se rendaient. Or le père était un excellent employé des postes qui, lui aussi, recherchait partout son fils arrêté au moment où, après s'être installé dans une maison en construction, il faisait brûler, pour se chauffer, des lames de parquet qui allaient être posées.

Mais les charmes de la rue séduisent et captivent surtout l'écolier : courir, gambader, crier, faire des niches sans être sous l'œil du maître et sans avoir à craindre les punitions, c'est un bonheur exquis; et la rue lui donne toutes facilités pour satisfaire ces goûts et dépenser son besoin de mouvement; c'est, en somme, la continuation de la récréation, avec l'ineffable joie de ne pas se sentir surveillé. Et puis, il est difficile de résister en été à la proposition d'une baignade, d'une promenade dans les champs; en hiver, au plaisir de se lancer sur les glissades, de guigner le chapeau des cochers et de se battre à coups de boules de neige. Alors l'écolier s'oublie, il laisse passer l'heure de revenir chez ses parents; il hésite, il demeure perplexe, il pèse dans sa petite cervelle le pour et le contre de sa situation; mais bientôt son hésitation cesse, un mauvais camarade lui a soufflé qu'il vaut mieux faire comme lui, ne pas rentrer : on s'amusera bien!

L'écolier se laisse séduire, il cède à la tentation et le vagabondage compte une recrue de plus; car si, au début, l'écolier se sentait encore assez de courage pour affronter les remontrances, voire les corrections méritées, avec les jours qui s'écoulent le courage mollit, l'indifférence survient, et l'enfant, jusqu'à présent bon sujet, est perverti par le contact d'un jeune adepte de la vie libre.

Lorsque l'enfant est plus grand, quand il ne va plus à l'école, qu'il est apprenti, bien des causes encore le poussent vers le vagabondage. L'apprenti, par exemple, a été renvoyé par son patron parce qu'il s'est mal conduit ou parce qu'il a manqué l'atelier, imitant l'écolier qui a déserté l'école; ou bien, envoyé par son père à travers la ville pour trouver de l'ouvrage, il n'ose pas rentrer et avouer l'insuccès de ses démarches. Enfin la rencontre d'un camarade vicieux, par ses sollicitations ou par ses sarcasmes, ébranle sa résolution et fait de lui un vagabond.

Après avoir exposé comment l'enfant est amené au vagabondage, on peut se demander comment vivent ces jeunes vagabonds.

L'*isolé* vagabonde pour son propre compte et ne fréquente personne; il couche dans les hôtels les plus abjects, dans des chambrées à raison de 5 sous par nuit, soupe comprise; dans la journée il vend des journaux, le matin il fait des corvées aux Halles, évitant de profiter des asiles de nuit parce qu'il craint d'être recherché.

L'idéal, en effet, du petit vagabond isolé, est d'avoir son gîte à lui, d'être chez lui. Tel Gavroche dépeint par Victor Hugo dans les *Misé-*

rables, « ne se sentait jamais si bien que dans
« la rue; le pavé lui était moins dur que le
« cœur de sa mère. Pour lui, le vagabondage
« n'était pas instinctif : ses parents l'avaient jeté
« dans la vie d'un coup de pied. »

Aujourd'hui, l'isolé ne couche plus dans le
ventre de l'éléphant de la Bastille, mais il
s'arrange un *home*, soit dans les péniches ou
bateaux restés amarrés le long de la Seine, soit
dans des cabanes abandonnées. Parfois des camarades s'installent auprès de lui, et alors chacun contribue à meubler le logis et à garnir le
garde-manger, en apportant victuailles ou objets
mobiliers : ce sont des couvertures de cheval
dérobées aux stations de voitures, des comestibles soustraits aux étalages extérieurs des
magasins, et de préférence des boîtes de con-
serves.

Puis la mendicité vient en aide : on récolte
quelque menue monnaie, qui permet d'acheter
du pain, et cette vie vagabonde fait des adeptes
même parmi les enfants des classes aisées.

Ainsi un jeune élève du lycée Charlemagne,
appartenant à une honorable famille, vécut pendant plusieurs semaines de cette manière dans
un bateau à vapeur hors d'usage remisé à Cha-
renton. C'était un isolé, et pour se procurer
l'argent nécessaire à sa subsistance, il dérobait

les outils des ouvriers occupés dans le chantier voisin et les revendait à vil prix.

Quelques jeunes vagabonds deviennent même souteneurs, et dès l'âge de 13, 14 et 15 ans, constatation épouvantable! J'ai même eu à instruire des affaires de rixes entre souteneurs qui ne dépassaient pas l'âge que je viens d'indiquer.

Me voici amené à parler à cette occasion de la prostitution féminine, cette plaie sociale qui ronge les populations des grandes cités. C'est par centaines que des filles de 14 à 16 ans sont arrêtées chaque année, parce qu'elles se livrent à la prostitution, en dépit des efforts tentés par les parents pour les retenir dans le droit chemin. Mais malheureusement, dans les classes modestes, on ne peut organiser la surveillance active qui entoure les jeunes filles des classes aisées. A la porte de l'atelier, pendant l'apprentissage, se manifestent déjà bien des provocations à l'inconduite; et, lorsque l'apprentie devient ouvrière, les entraînements à l'immoralité sont encore plus grands.

Parmi ces jeunes filles, les unes, fortes et bien trempées moralement, ne succombent pas; les autres, écoutant le séducteur qui les convoite, ne songent pas à la scène attristante qui se déroulera le soir au foyer paternel, lorsque sera écoulée l'heure habituelle de leur rentrée sans qu'elles paraissent; le désespoir de leur mère, le chagrin de leur père, les questions indiscrètes des petits en ne voyant pas arriver leur grande sœur sont des éventualités qui n'éveillent pas leurs sensations. Or comme le séducteur est le plus souvent un être pervers et sans scrupules, il abandonne bientôt sa victime; alors celle-ci, quelques semaines, parfois quelques jours seulement après la faute commise, pense à revenir au domicile de la famille : mais la honte fréquemment l'arrête, elle n'ose pas mettre à exécution le projet qui la sauverait, et elle demande conséquemment à la prostitution les ressources nécessaires à son existence.

Dès lors ces mineures, après avoir glissé sur la pente fatale, ne s'arrêtent plus et ne résistent pas au courant démoralisateur qui les emporte. A ce moment c'est la maison de correction qui les attend, quand les patronages ne peuvent leur ouvrir leurs portes. Quelquefois, sur notre invitation, les parents reprennent leur fille, et il arrive que la leçon reçue la corrige; dans d'autres cas, celle-ci, recommençant à se mal conduire, est traduite devant le tribunal, qui ne peut qu'ordonner l'envoi en correction en présence de la récidive [1].

---

1. La Cour d'appel a déclaré, par un arrêt du 10 mars 1893, qu'une fille mineure de 16 ans vivant de la prostitution

Les filles âgées de moins de 16 ans qui vagabondent ne sont pas toutes des prostituées. On en rencontre qui ont des instincts d'aventure, et qui quittent leur famille afin de ne pas travailler, de ne pas s'occuper du ménage, ou de ne pas aider leur mère à élever des enfants plus petits. D'autres fois ce sont des jeunes filles qui, placées chez des patrons qu'elles ont abandonnés pour différents prétextes, n'osent plus rentrer sous le toit paternel.

Tous les enfants arrêtés à Paris pour vagabondage ne sont pas uniquement fournis par les familles qui habitent la capitale : beaucoup d'entre eux viennent de province.

Ainsi trois bambins de 10 à 12 ans étaient venus dernièrement à Paris pour y voir le Jardin des Plantes, vraisemblablement à la suite d'un récit qui les avait émerveillés. En assez grand nombre aussi ils sont attirés par la tour Eiffel ; et s'ils n'ont point d'argent en poche, la question de la bourse vide ne les préoccupe pas ; ils montent dans un compartiment de chemin de fer en se faufilant dans les salles à voyageurs. Mais à l'arrivée du train, quel désappointement !

après avoir abandonné sa famille est en état de vagabondage, « attendu que la corruption et la débauche ne sauraient constituer un moyen de se soustraire à l'obligation que la loi impose à tout citoyen d'avoir un domicile certain et de se livrer à un travail régulier dans la limite de ses facultés ».

l'inexorable employé de la Compagnie réclame le billet du voyageur ; si celui-ci ne peut le présenter, il cueille le petit vagabond qui est mis en arrestation, et, cruelle ironie du sort, de Paris il ne voit que le Dépôt et la Petite-Roquette, en attendant qu'il soit rapatrié par les soins de l'administration sans connaître les beautés rêvées de la capitale.

Parmi ces derniers, beaucoup ne renouvellent pas leur escapade ; mais il y en a quelquefois qui reprennent la clef des champs sans que la distance à parcourir les rebute. Je termine par un exemple qui montre que l'enfant a tous les courages quand il veut faire quelque chose.

Un enfant avait été arrêté au milieu de Paris, il venait de Buenos-Ayres ! Au départ du paquebot, il s'était caché à fond de cale, puis, une fois en pleine mer, il se montra ; le capitaine dut naturellement conserver à son bord ce passager inattendu. Il fut débarqué à Bordeaux pour aller rejoindre sa grand'mère, habitant aux environs de Nancy ; le père, menuisier, s'était expatrié dans l'Amérique du Sud, sans espoir de retour en France. Lui, le petit Français, avait conçu le projet de voir la patrie dont on parlait souvent devant lui, et il supposait que sa vieille grand'mère le recevrait ; mais arrivé à Paris il s'égara, erra au hasard et il fut rencontré par des agents. L'enfant fut amené devant moi, il m'exposa son dessein de rester en France. J'ai pu combler ses vœux en le faisant conduire près de Nancy, au domicile de sa grand'mère, chez laquelle il doit habiter encore. C'était plus pratique que de le renvoyer en Amérique.

Comme corollaire au vagabondage, je dois dire quelques mots seulement de la mendicité pratiquée par les enfants, car il me paraît superflu de m'étendre longuement sur un sujet déjà bien souvent traité.

Ou bien l'enfant mendie pour son propre compte, comme le font les vagabonds contraints de chercher des ressources pour se nourrir ; ou bien l'enfant fait de la mendicité un métier, et est exploité par des parents ou des professionnels qui le font circuler dans Paris sous des haillons, hâve et dépenaillé. Si l'enfant ne rapporte pas le soir une recette dont le total est fixé d'avance, il est maltraité et privé de la maigre et insuffisante nourriture prélevée chaque jour sur le produit quotidien de leur mendicité. Heureusement la loi punit sévèrement les individus qui tirent profit des enfants en les faisant mendier, et prend sous sa protection les enfants maltraités [1].

1. La Société contre la mendicité des enfants dans le dé

Le vol occupe une des premières places sur l'échelle de la criminalité de l'enfance. Je ne ferai qu'indiquer seulement les grandes lignes de ce délit, et les diverses modalités qu'il peut revêtir chez l'enfant; celui-ci vole parce que la gourmandise l'y conviera ; parce que la vue d'objets convoités éveillera en lui un désir, une impulsion nullement irrésistible, à laquelle il cédera, parce qu'en dérobant de l'argent il aura conçu le projet de s'octroyer un plaisir quelconque.

On comprend le mécanisme mental qui dirige la main de l'enfant voleur; au lieu que pour le vagabondage on perçoit bien où il aboutit, mais on ne découvre pas d'où il part *psychiquement* ; et cependant ces deux délits d'essence opposée sont, constatation curieuse, la plupart du temps intimement unis, dérivent l'un de l'autre, et présentent néanmoins ces signes différentiels importants : d'abord, l'enfant vagabond renonce sans regret à une situation agréable pour en prendre une absolument pénible, tandis que l'enfant voleur songe seulement à se donner du bien-être immédiat, et,

partement de la Seine a été créée pour diminuer le nombre des jeunes mendiants, mais ses efforts n'ont pu obtenir jusqu'ici des résultats satisfaisants à cause de notre législation incomplète.

en second lieu, l'enfant vagabond abandonne plus difficilement que l'enfant voleur sa fâcheuse propension au mal. C'est une indication dont on peut tirer profit pour le traitement moral des uns et des autres.

Chez l'adulte, les formes du vol sont variées presque à l'infini, et leur multiplicité a contraint le législateur à créer plusieurs catégories de vols en édictant des pénalités correspondantes : c'est ainsi que la loi divise les vols en *vols simples* et en *vols qualifiés*, considérant les premiers comme des délits, les seconds comme des crimes. Mais pour les vols opérés par les mineurs au-dessous de 16 ans, cette distinction ne répond pas à la réalité des faits, car presque jamais les enfants ne commettent de vols compliqués, on en devine aisément la raison : presque toujours ils exécutent des vols simples et ayant entre eux une ressemblance constante.

Les nombreux jeunes voleurs qui ont défilé dans mon cabinet ont été pour moi un vaste champ d'étude. J'ai pu réunir sur eux une quantité d'observations d'où l'on peut déduire quelques considérations pratiques et intéressantes. Les enfants parisiens voleurs peuvent être classés en deux divisions nettement tranchées : 1º les voleurs *à l'étalage*; 2º les voleurs *à la tire* et *au radin*. Assurément, on peut occasionnellement rencontrer d'autres genres de vols pratiqués par des enfants ne rentrant pas dans l'une de ces trois variétés, mais il ne nous semble pas utile de leur assigner un rang particulier dans la classification adoptée ; toutefois je n'omettrai pas d'en parler.

Le vol le plus fréquent, le plus à la portée de l'enfant, celui qui vient le plus naturellement à sa pensée, parce qu'il est le moins compliqué, le plus élémentaire et, en général, le plus aisé à exécuter, est le vol à l'étalage. La genèse de ce vol est simple et facile à comprendre, et en parlant du vagabondage, j'ai cité des observations qui laissaient déjà entrevoir comment l'enfant vagabond est poussé à opérer des soustractions délictueuses ; l'enfant n'a pas d'argent, et il faut bien qu'il découvre un moyen de subvenir à ses besoins : alors il vole.

Si l'enfant n'a pas quitté sa famille et ne vagabonde pas, il n'est pas poussé par le besoin de se nourrir ou de se vêtir, au même niveau que le vagabond véritable. Et à ce propos, qu'il soit permis de déplorer le libertinage effréné des étalages extérieurs qui tentent le jeune passant, et qui vont en quelque sorte au-devant de lui, de manière qu'il n'a qu'à allonger la main pour satisfaire sa convoitise. Aussi l'enfant cède surtout si le foyer paternel est pauvre,

s'il n'y trouve pas tout ce qui pour lui constitue non seulement l'abondance, mais même les
choses nécessaire à sa subsistance.

Conséquemment l'enfant devient voleur, parce
que l'occasion l'a sollicité. Il est infiniment pro-
bable que, le plus souvent, l'idée de s'approprier
illicitement un objet ne serait pas née dans son
esprit, et il n'aurait pas eu l'audace de pénétrer
dans l'intérieur du magasin, même dans ceux
dont l'entrée est libre, car il n'ignore pas que
la surveillance y est plus grande qu'à l'exté-
rieur.

Les jeunes voleurs à l'étalage sont un peu
dans la même situation que le petit paysan
qui maraude, cueillant de-ci de-là les fruits
des jardins ou des vergers; l'enfant, à la ville
comme à la campagne, cède à son désir et
dérobe ce qui le tente.

L'enfant ne succombe pas toujours à sa
propre tentation, il lui arrive d'obéir aux conseils pernicieux de camarades qui ont déjà
« travaillé » pour leur propre compte : alors il
se forme une société en participation, dont le
siège social est essentiellement variable et
soumis aux caprices du hasard. On le fait
résider indifféremment et alternativement dans
les caves des maisons en construction, surtout
dans les masures abandonnées, dans les exca-

vations des carrières, dans les fossés des fortifications. L'un des sociétaires est désigné pour
accomplir le vol : ils vont dans les rues, affec-
tant les airs indifférents de flâneurs inoffensifs,
les uns derrière les autres, sans affectation, à
la file indienne, en ayant soin de maintenir
l'opérateur au milieu de la bande. Les camarades se groupent autour de celui-ci au moment
du vol en ayant soin de masquer ses mouve-
ments. Puis, le coup réussi, on continue l'expé-
dition et on cherche à nouveau un étalage
favorable.

Si le jeune voleur est habile, il est difficile
pour les employés ou pour les passants de le
surprendre en flagrant délit ; néanmoins, il
n'est pas rare qu'un certain nombre de ces
voleurs soit arrêté ainsi, le coupable est alors
remis entre les mains des agents de l'autorité.
Seulement le policier sagace, qui est toute la
journée en chasse, pour ainsi dire, qui connaît
bien la manière d'opérer de ces jeunes voleurs
et qui, quelquefois, retrouvant dans la bande
des personnages de connaissance qu'il a déjà
arrêtés, est de suite fixé sur la qualité de ces
flâneurs à apparence inoffensive.

Et, qu'on le sache bien, ces garnements sont
habiles : pour pouvoir les surprendre et les
mettre en état d'arrestation, il faut souvent

une patience inlassable. Aussi les brigades de sûreté de la *voie publique* sont-elles la terreur des voleurs à l'étalage, et en même temps, des voleurs de la seconde catégorie, comme on le verra tout à l'heure.

Ce n'est pas toujours aux comestibles que s'attaquent les voleurs à l'étalage, il s'en faut même de beaucoup. Bien des objets ne servant pas à l'alimentation sont le but principal de leurs soustractions, et ce serait assurément une statistique intéressante que celle qui porterait sur la nature des objets le plus fréquemment dérobés par eux.

On ne le croira peut-être pas, mais ce que dérobent surtout les petits voleurs, ce sont les chaussures. Ces voleurs à l'étalage, ces amateurs de chaussures, ne sont pas des délinquants bien dangereux, et leur perversité ne nous semble nullement incurable; au contraire, ils me paraissent aptes à rentrer dans le droit chemin, pourvu que le vol qu'ils ont commis ne soit que le résultat d'un entraînement provoqué par un mauvais conseil ou d'un désir éveillé par la vue des marchandises étalées à la devanture des magasins.

Le voleur à l'étalage s'approprie aussi des articles exposés, dispersés sur les tables au dedans des magasins portant à la porte, écrit en gros caractères : « *Entrée Libre* » ; mais il choisit toujours le moment où la foule, composée de plus de curieux que d'acheteurs, s'y presse et s'y entasse, comme cela arrive, par exemple, au moment des expositions ou dans les bazars. Il ne s'écoule pas de jour que ces établissements ne soient victimes de voleurs de tous les âges, malgré une surveillance des plus actives et des plus rigoureuses, exercée par les employés et des agents spéciaux.

Passons maintenant à un acte plus grave, le vol à la tire. Ce délit, pour être fructueusement exécuté, exige une étude, un apprentissage ; il ne résulte pas d'une sorte d'impulsion passagère, il faut l'apprendre ; par conséquent, l'enfant qui s'y livre a conscience de son acte ; il obéit à une conception mauvaise et calculée. Aussi, c'est avec raison que les voleurs à la tire doivent être tenus pour bien plus coupables que les précédents.

Tous ceux que j'ai vus étaient des pervers, chez lesquels le mal avait poussé de profondes racines. On a vu cependant des enfants voler dans des circonstances tout à fait anormales. Je citerai un exemple curieux.

Une fillette appartenant à une famille honnête, mais dont la surveillance était absolument défectueuse, fut arrêtée pour avoir soustrait des porte-monnaie dans la poche des dames, stationnant devant les bureaux d'omnibus. Or, cette enfant employait le produit de ses vols à l'achat d'une couronne de fleurs qu'elle allait déposer sur la tombe de son frère.

Après l'arrestation, l'attitude du voleur à l'étalage et celle du voleur à la tire sont absolument différentes et caractéristiques. Tandis que le premier avoue presque toujours son vol, spontanément, sans qu'il soit besoin de le soumettre à un interrogatoire bien long, le second, au contraire, agit tout autrement : il nie effrontément, avec impudence, même quand il est pris sur le fait, en flagrant délit, la main encore dans la poche de sa victime.

Comme pour le vol précédent, le jeune voleur à la tire n'opère jamais seul, il est toujours accompagné de complices plus âgés que lui, qui sont au nombre de deux le plus souvent. C'est le plus petit de la bande qui doit pratiquer le vol, quelquefois il a 10 ans à peine ; il se place derrière la victime qui est le plus ordinairement une femme.

On a soin d'opérer dans une foule, celle qui se presse devant les tréteaux des forains ou autour d'un camelot, sur les boulevards ou aux alentours des bureaux d'omnibus, partout enfin

à un grand nombre de personnes accumulées
ont rapprochées les unes des autres.

Au moment de l'exécution du vol, les com-
lices se rapprochent du petit voleur après avoir
pié les alentours, afin de s'assurer si quelque
gent ne les voit pas; et, comme dans le vol à
étalage, ils le masquent autant que possible;
uis, le coup fait, toute la bande se rend dans
n endroit écarté connu d'avance, le porte-
nonnaie est vidé, on partage l'argent qu'il con-
enait, et ensuite les jeunes voleurs se faufilent
le nouveau dans la foule, prêts à recommencer,
à moins que des agents de la sûreté n'intervien-
nent et ne mettent fin à leurs exploits.

Il faut signaler un caractère particulier au
mineur qui pratique le vol à la tire, c'est que,
contrairement à l'enfant qui se livre au vol à
l'étalage, il ne vagabonde pas; il vit presque
toujours chez ses parents, s'adonne parfois à
un travail régulier. Comme on ne naît pas
voleur à la tire, l'enfant commence par faire un
apprentissage, par s'exercer, et pour cela il
existe des professeurs occultes qui se chargent
d'initier le mineur aux secrets du métier.

Le lecteur n'est pas assurément sans avoir
entendu parler des académies de vol qui existent dans un certain quartier de Londres, à
White-Chapel, et dont le but est de dresser

enfants et adultes au vol en général, et conséquemment au vol à la tire : à cet effet, des man-
nequins affublés de sonnettes excessivement
mobiles, et simulant l'être humain, doivent
être dépouillés par l'élève sans provoquer le
moindre tintement métallique, et ce n'est que
lorsqu'il a atteint ce degré d'habileté que
l'adepte est reconnu apte à travailler seul. Je
ne pense pas qu'en France il existe de semblables entreprises. Mais à Paris, des leçons sont
données soit par des voleurs adultes, soit par
des enfants expérimentés.

Quoi qu'il en soit, le jeune voleur à la tire
agit dans un but déterminé, il vise à la réussite
d'un projet conçu à l'avance, il n'a pas pour
lui l'excuse du besoin, il a la conception nette
de ce qu'il fait, il est donc indubitablement plus
coupable que le voleur à l'étalage.

Les voleurs à la tire sont jeunes et souvent
incorrigibles. Néanmoins on peut arriver à des
amendements, pourvu que les efforts soient
prolongés. En voici un exemple.

Un enfant de 10 ans avait réellement organisé une bande de voleurs à la tire dont il était
naturellement le chef. Tous se livraient au vol
à la tire, mais ils joignaient aussi à la première
industrie un autre genre de vol, celui qui consiste à soustraire de l'argent dans les tiroirs-

caisses des boutiques, c'est ce qu'on appelle le
vol *au radin*. Le chef fut envoyé en correction,
mais il fut remis à sa famille par l'Administration trois mois après.

Il recommença bientôt à se livrer à ses anciens agissements délictueux; il fut alors envoyé
une seconde fois dans une maison de correction; il s'en évada au bout de deux ans, nullement amélioré évidemment, et il fut arrêté
derechef au moment où il pratiquait un nouveau vol à la tire. De sorte que, par trois fois
successives, j'ai eu à instruire contre cet enfant,
qui avait une intelligence réellement exceptionnelle, mais qui en même temps était d'une perversité et d'une audace qui, à son âge, sont
rarement aussi développées. Tout dernièrement, je l'ai retrouvé dans une colonie pénitentiaire que je visitais, et où il est parmi les
plus âgés. Il a aujourd'hui près de 18 ans. Il
a fini par s'amender, et dans quelques mois il
partira au service militaire, où il parviendra
rapidement à être gradé à cause de son savoir
et de son intelligence peu ordinaires.

Il ne me reste qu'à dire un mot du vol au
radin. On donne ce nom au genre de vol qui
consiste à soustraire, dans un tiroir-caisse,
l'argent qui y est contenu. Pour l'accomplir, il
faut être au moins deux : pendant que l'un des

complices détourne l'attention du marchand, l'autre opère la soustraction; quelquefois un troisième reste au dehors.

Autour de ces trois catégories de soustractions qui forment comme le pivot des vols pratiqués par les enfants mineurs, en gravitent d'autres qui sont comme des dérivés.

Ainsi à la Halle, les maraîchers viennent dans le courant de la nuit apporter leurs marchandises, ce sont des légumes, des fruits; or, malgré la plus rigoureuse surveillance, les jeunes voleurs sont assez habiles pour en dérober une plus ou moins grande quantité, sans que l'œil pourtant exercé des agents s'en aperçoive, et immédiatement ils se hâtent de les revendre, ce qui leur est facile au milieu du tohu-bohu, du va-et-vient énorme qui, au moment de l'ouverture du marché, encombre les passages réservés aux piétons. Il y a là, comme on le voit, un vol qui se rapproche du vol à l'étalage.

Un autre genre de vol pratiqué aussi par les enfants mineurs, et qui rappelle le vol à la tire, est celui qui consiste à dépouiller les ivrognes de la monnaie qui peut rester encore dans leurs poches.

Les jeunes voleurs ne limitent pas toujours leurs exploits à la capitale seule : ils les font rayonner aux alentours et ils visitent volontiers les vergers et les cultures maraîchères, les jardins. Ils tirent profit de leurs rapines en les vendant à Paris. Les volailles sont aussi dérobées par les jeunes malfaiteurs. Il y a peu de temps, de jeunes voleurs âgés de 8 et 12 ans avaient dévalisé plusieurs basses-cours, et ils étaient allés vendre poules et lapins dans les environs.

Je ne veux point prolonger l'énumération d'autres variétés de vols commis par les jeunes mineurs; ces soustractions ne présentent pas grand intérêt, elles rentrent toutes plus ou moins, comme les précédentes, dans l'une des catégories énoncées.

Néanmoins on voit des cas où l'acte commis déconcerte à cause de l'ingéniosité perverse qui l'accompagne.

Tout récemment un jeune homme de 15 ans, employé d'un restaurateur qui souvent lui avait confié pour des clients des sommes importantes à aller porter, profita de ce qu'on lui avait remis un billet de 1000 francs à changer pour simuler un vol dont il aurait été victime, feignant d'avoir été frappé par des agresseurs qui avaient pris la fuite. Puis, changeant tout d'un coup de récit, il raconta que son ancien patron lui avait conseillé de lui envoyer ce billet à la poste restante. L'enfant avait envoyé, en effet, à son nom à lui, à la poste restante d'un bureau éloigné, ce billet de 1 000 fr., qui fut retrouvé ; mais il avait encore menti en accusant son ex-patron qui n'habitait plus Paris depuis longtemps.

L'enfant ordinairement plus âgé commet parfois une escroquerie en se présentant chez un client, chez une personne en relations avec son patron et, inventant un mensonge, il allègue que celui-ci, manquant de monnaie, l'en envoie chercher ; ou bien le jeune escroc, s'adressant à une personne connue de son patron, raconte que celui-ci l'a envoyé faire des paiements et des achats, mais qu'il ne lui reste pas assez d'argent pour terminer les commissions dont il a été chargé.

L'escroquerie chez les enfants est heureusement assez restreinte, cependant nous en avons observé quelques exemples qui tous témoignaient, malgré le jeune âge de leurs auteurs, d'une grande science du mal.

Bien plus nombreux sont les enfants qui, employés chez des commerçants, gardent pour eux le montant des factures qu'on les envoie toucher chez des clients.

Jusqu'à présent, nous n'avons étudié que des enfants vagabonds, voleurs ou mendiants. Néanmoins, il y en a un certain nombre qui commettent des actes de violence ou d'immoralité. Mais ce sont des faits isolés qui ne méritent pas une étude spéciale, et comme j'ai surtout pour but d'étudier des espèces et non des individus, je laisse de côté les délits ou crimes occasionnels pour m'occuper exclusivement de la masse des vagabonds, des voleurs ou des mendiants qui forment le gros de l'armée des jeunes criminels et chez lesquels on retrouve les récidivistes dont l'amendement présente de si grandes difficultés. Pour les criminels d'occasion, le reclassement sera certain si la cause du fait commis a été purement fortuite.

J'ai tenu à décrire les délits d'élection de l'enfance pour que, dans l'enquête statistique et sociologique que je vais poursuivre, on puisse se rendre compte plus aisément de la situation exacte des enfants que je continuerai à diviser par catégories en prenant pour bases l'âge et le délit commis.

CHAPITRE II

Filiation. — Age des enfants traduits en justice. — Les causes de l'arrestation. — La récidive.

En première ligne, je reprends mon enquête concernant les 600 familles qui ont déjà fait l'objet des observations relatives aux parents en indiquant tout d'abord la filiation des enfants. Voici les chiffres que j'ai relevés :

Enfants légitimes	494
Légitimés par mariage.	15
Reconnus par le père et la mère. . .	16
Reconnus par la mère seulement. . .	41
Non reconnus.	32
Adultérins	2
	600

Les enfants légitimes, on le voit, forment presque les cinq sixièmes, et on est étonné qu'ils soient aussi nombreux parmi les mineurs traduits en justice.

A Paris, en effet, si l'on s'attache aux statistiques hebdomadaires relatant la natalité, les filiations légitimes n'y figurent habituellement que pour les deux tiers des naissances enregistrées.

Cette proportion, très anormale du reste, ne se rencontre guère que dans les grandes cités. La raison en est que bien des fautes commises en province viennent se cacher dans le tourbillon des capitales où les Maternités de l'Assistance publique ou des institutions privées ouvrent leurs portes toutes grandes aux filles-mères de tous pays. Par suite un très grand nombre d'enfants naturels naissent accidentellement à Paris et retournent en province, soit qu'ils y soient ramenés par leur mère, soit qu'ils soient abandonnés à l'Assistance publique qui les envoie dans ses services assistés des départements.

L'Assistance publique et les œuvres charitables ne recueillent pas seulement les enfants nouveau-nés et abandonnés par leur mère, mais aussi tous les enfants naturels qui, même reconnus, deviennent orphelins dans la suite avant d'avoir atteint leur majorité. Pour eux, en effet, la famille se borne au père et à la mère naturels qui les ont reconnus et ne s'étend pas aux ascendants et aux collatéraux. On comprend dès lors que, sur les 600 sujets qui nous occupent, nous ne retrouvions point, quant à ces filiations, la même proportion que dans les statistiques hebdomadaires.

Rationnellement, cette proportion devrait être à peu près la même; mais, je le répète, comme la plupart des enfants naturels qui sont indiqués dans ces statistiques sont nés dans les hopitaux, et qu'ils sont absorbés aussitôt après leur naissance par l'Assistance publique pour être élevés à la campagne, ils ne peuvent point entrer en ligne de compte parce qu'ils ont quitté Paris sans esprit de retour aussitôt après leur naisance, et par suite figurer en grand nombre parmi les enfants traduits en justice du département de la Seine.

Les enfants légitimes, au contraire, restent chez leurs parents ainsi que les enfants naturels reconnus; et même ces derniers sont quelquefois abandonnés de bonne heure à l'Assistance publique dans une notable proportion.

Il n'y a donc rien d'étonnant que nous rencontrions si peu d'enfants naturels parmi les 600 sujets qui font l'objet de cette statistique. Et puis l'enfant naturel est souvent unique et peut être bien plus facilement élevé par la mère, si toutefois celle-ci est honorable.

Les enfants légitimes, au contraire, sont sou-

vent fort nombreux dans une même famille, et
il est moins rare que parmi eux il se rencontre
des mauvais sujets en plus grande quantité.

En résumé, seuls les enfants naturels conser-
vés et élevés par leurs parents figurent dans
notre énumération. Parmi ceux-ci, plusieurs
même avaient perdu leurs parents ; leur arrestation avait en quelque sorte régularisé leur
situation en les pourvoyant définitivement de
la tutelle de l'Assistance publique. Ces enfants
ne sont point des *moralement abandonnés*, mais
bien des *enfants assistés ;* par suite, ils ont droit
aux mêmes avantages qui sont réservés aux
enfants abandonnés au moment de leur naissance et font partie de la grande famille assistée
du département de la Seine.

Il serait certes très intéressant de connaître
exactement la proportion des enfants naturels
reconnus ou non reconnus existant réellement
parmi les enfants traduits en justice. On pourrait en tirer un enseignement utile, mais pour
cela il faudrait que cette statistique porte sur
toute la France et pendant toute une année au
moins. La chose serait facile puisque dans les
affaires de mineurs le casier judiciaire est toujours demandé, ainsi que l'acte de naissance. Si
donc ce recensement était ordonné, on con-
naîtrait exactement l'influence de la filiation sur

la criminalité juvénile. Or c'est un fait très important à rechercher au point de vue de l'atavisme.

A côté des 494 enfants légitimes nous trouvons 15 enfants légitimés par le mariage subséquent du père et de la mère naturels. Presque toujours c'est une régularisation sincère de la filiation naturelle, mais quelquefois c'est une supercherie, cette légitimation étant souvent imposée par la mère naturelle à celui qui veut l'épouser afin de légitimer l'enfant né d'un autre père. Ces sortes de légitimations ne sont pas, selon moi, à favoriser, parce que s'il naît du mariage d'autres enfants, ces derniers sont souvent la cause ou l'occasion d'injustes représailles contre celui qui s'est introduit dans la famille. En voici un exemple terrible.

Un jeune homme, à peine âgé de 16 ans, était né avant le mariage ; l'époux de sa mère l'avait légitimé sans en être le père véritable, et, en retour de cette régularisation de sa situation sociale, l'enfant le tua. Voici dans quelles circonstances : cet enfant, dès ses premières années, avait montré de fâcheux instincts, il était vicieux, sournois, brutal ; il se livrait même à l'intempérance ; enfin, il devint voleur. Ce fut à la suite d'une soustraction délictueuse que le tribunal correctionnel l'envoya en correction ; mais un patronage bienveillant intervint, et, par ses démarches, obtint la libération provisoire de l'enfant.

Celui-ci rentra dans sa famille et y vécut un certain temps. Seulement il n'avait pas perdu ses mauvaises tendances antérieures, ou plutôt ses vices d'autrefois : il recommença à vivre dans l'oisiveté, il reprit ses habitudes alcooliques, et malheureusement, les scènes violentes qui se passaient entre sa mère et son père légal quand celui-ci rentrait ivre, les jours de paye, achevèrent plutôt de le démoraliser.

Un jour, le père, en proie à un accès de fureur provoqué par l'alcool, menace sa femme de la frapper avec une barre de fer ; la mère, naturellement épouvantée, se réfugie chez sa sœur, afin de laisser à son mari le temps de se dégriser et de calmer son excitation, car dans l'intervalle de ses accès d'intempérance, quand il était à jeun, il était l'homme le plus doux, le plus travailleur, le plus dévoué aux siens qu'on puisse rencontrer.

Ainsi ses sentiments honnêtes, que seule l'ivresse masquait par moments, étaient heurtés par la conduite répréhensible de son fils ; il le réprimandait souvent, il lui adressait des reproches mérités. Ces remontrances avaient sans doute amassé quelque levain de haine dans le

cœur de l'enfant, car, celui-ci ayant acheté un
revolver, le jour où se passait la scène violente
à laquelle il est fait allusion, se présenta devant
son père, et, lui ayant adressé une ou deux in-
vectives, sans provocation aucune, il lui tira
à bout portant deux coups de son arme : il
l'avait étendu mort à ses pieds.

D'après les renseignements, ce n'était pas à
l'amour filial qu'il fallait attribuer ce crime :
était-ce à l'alcool? Cette hypothèse paraît plus
vraisemblable, mais en tout cas la mère de
l'enfant ne méritait pas un si grand dévouement : elle était d'une moralité douteuse; elle
aimait beaucoup son mari, il est vrai, à en
juger du moins par les larmes qu'elle a versées
devant moi au sujet de la fin tragique de son
époux, mais elle n'avait peut-être pas réservé
dans son cœur une place suffisante pour son
fils, dont le crime peut probablement être expli-
qué incidemment par l'alcool, mais qui assurément a trouvé dans la perversité des instincts
un sol tout préparé pour le faire éclore.

Mais je ne crois pas que ce fils eût tué s'il avait
été en présence d'un père véritable. C'est du
moins l'excuse qu'il a toujours invoquée.

Autant je trouve mauvais de légitimer par
mariage des enfants étrangers au mari, autant
il faut favoriser le mariage de ceux qui vivent

en concubinage. Des sociétés charitables s'emploient avec zèle, depuis de longues années, à multiplier ces régularisations. C'est une œuvre de défense sociale ; la désorganisation de la famille étant un des grands fléaux de notre société moderne.

Les enfants naturels reconnus par leurs père et mère, parmi ceux qui nous occupent, sont au nombre de 16 seulement. Ce sont presque tous des enfants nés de parents vivant en concubinage, mais parmi eux il y en a aussi qui, reconnus dès le lendemain de leur naissance par un amant de la mère, n'ont plus revu le père dont ils portent le nom. Ils ont néanmoins continué à être élevés par la mère, et celle-ci de son côté avait changé plusieurs fois d'amant.

J'ai rencontré ces tristes situations trop souvent pour ne pas les noter, en les déplorant, mais sans pouvoir trouver un remède quelconque à cet état de choses, que la loi ne peut atteindre qu'autant que la mère serait indigne. Cependant quand l'enfant est reconnu par les deux, les droits du père primant ceux de la mère, il y a quelque chose de choquant lorsque la mère est honorable de penser que le père peut intervenir inopinément pour enlever à la mère, qui l'a élevé, un enfant reconnu par celui qui n'en est point le père véritable.

J'ai eu plusieurs fois à dénouer ces sortes d'imbroglios; grâce à la déchéance paternelle, on pouvait sauvegarder l'enfant qui passait sous la tutelle administrative de l'Assistance publique, sauf à être confié par celle-ci au plus digne des deux parents naturels.

Il serait trop long de rechercher toutes les hypothèses pouvant se présenter; je ne veux que faire entrevoir toutes les conséquences fâcheuses que peuvent procurer à l'enfant les reconnaissances hâtives faites dans un moment de générosité qui peut avoir pour lui une suite néfaste pendant toute sa vie.

Ceux qui n'avaient été reconnus que par la mère seulement étaient au nombre de 41 et ceux qui ne faisaient l'objet d'aucune reconnaissance s'élevaient à 32. Les enfants naturels reconnus étaient plus nombreux que ceux non reconnus; mais, en se rappelant que beaucoup d'enfants non reconnus et abandonnés dès leur naissance par leur mère sont pris par l'Assistance publique, il n'y a pas grand enseignement à tirer de ces deux chiffres. Les uns et les autres étaient élevés par la mère naturelle, quelquefois cependant par le père naturel après la mort de la mère, sans qu'aucune reconnaissance ne fût intervenue de part et d'autre.

Des deux enfants adultérins qui forment le

complément de notre énumération, un était
élevé par la mère. qui l'avait eu depuis le départ
de son mari disparu; l'autre par le père adulté-
rin, la mère étant morte. Ce dernier avait élevé
l'enfant et, resté célibataire, il l'avait conservé
avec lui. Bien entendu, les enfants adultérins
ou incestueux peuvent également être absorbés
par l'Assistance publique, qui les considère
comme orphelins lorsque les parents légaux
disparaissent.

La filiation des enfants traduits en justice est
utile à connaître, mais ne donne point des indications bien pratiques en vue de déterminer
les causes de la criminalité, pour les raisons
que j'ai exposées à l'occasion des naissances
naturelles. La situation sociale et morale des
parents est plutôt à envisager : tels parents
mariés ayant plusieurs enfants légitimes, pourront avoir un enfant vicieux plus facilement
qu'une famille simplement composée d'une
mère naturelle et de son enfant unique.

Si cette mère, en effet, a reconnu et élevé cet
enfant, c'est qu'elle ressentait pour lui une véritable affection et qu'elle avait le sentiment de
son devoir. J'ai même constaté très souvent
que ces mères avaient fait tous leurs efforts
pour procurer à leurs enfants une éducation
solide, et que restées seules après la faute com-

mise. elles avaient courageusement lutté contre les difficultés de la vie, entourant de soins et de dévouement l'enfant qu'elles auraient pu abandonner à la charité publique.

Beaucoup d'enfants naturels sont, à leur naissance, placés par leurs mères, qui sont ouvrières ou domestiques, chez des nourrices de la campagne, où ils prennent presque toujours de bons principes et où ils sont surveillés convenablement par des inspecteurs administratifs. Ils y restent souvent jusqu'à leur douzième ou treizième année après avoir été instruits à l'école du village et après avoir reçu un enseignement religieux à la paroisse. Leur situation intellectuelle et morale est satisfaisante, en général, quand ils reviennent à Paris vivre auprès de leur mère, et la plupart sont de bons sujets. Mais il y a nécessairement parmi eux des enfants qui ne peuvent, leurs mauvais instincts aidant, lutter bien longtemps contre la contagion de la rue, et qui deviennent vicieux parce qu'ils ont subi un entraînement fatal.

Mais quand la mère s'est mariée ou s'est mise en ménage avec un étranger depuis leur naissance, l'affection qui attend l'enfant à son retour sera problématique. Fort heureusement c'est l'âge où il peut commencer à travailler, et le patron remplacera pour l'apprenti le père nourricier dont il a gardé un si bon souvenir.

S'il n'a pas la force morale de réagir contre des entraînements qui sont d'autant plus faciles que la surveillance sera plus relâchée, il versera dans le mal; mais alors l'Assistance publique ou un patronage pourra, en considération de la situation de la famille, l'accueillir ou continuer l'œuvre commencée en le plaçant à nouveau à la campagne, d'où il n'aurait jamais dû revenir.

En résumé, les enfants naturels ou légitimes ont des chances à peu près égales de déchéance; tout dépend de la valeur morale de celui qui l'élève et de la nature de chacun.

A quel âge l'enfant devient-il criminel? A tout âge, pourrait-on dire, s'il est d'une nature vicieuse et si l'éducation et l'exemple des parents l'ont gâté de bonne heure. Mais il y a un âge où tous les ferments qui ont germé font plus facilement de l'enfant un mauvais sujet, c'est celui où il a quitté l'école pour entrer en apprentissage.

Je regrette que les statistiques des arrestations des mineurs de 16 ans n'indiquent pas, âge par âge, le nombre des enfants arrêtés pour chaque délit. Dans un total comprenant chaque catégorie de délits, les auteurs sont compris *in globo* jusqu'à la seizième année, sans aucune distinction.

Cette classification serait pourtant d'un enseignement précieux.

J'ai établi, pour mon compte, sur les 600 sujets qui nous occupent, un classement par âge et par nature de délits. Mais avant de donner ces indications spéciales, il me paraît utile de rappeler quel est le nombre des mineurs de 16 ans arrêtés dans le département de la Seine.

En 1897, sur 32018 arrestations 1211 mineurs de 16 ans (1035 garçons, 176 filles) ont été arrêtés, sur lesquels il y avait 508 voleurs et 527 vagabonds.

En 1898, sur 30016 arrestations, 1300 mineurs de 16 ans (1112 garçons, 188 filles) ont été arrêtés, sur lesquels on comptait 549 vagabonds et 440 voleurs. En 1899, sur 27187 arrestations, 1096 mineurs de 16 ans (966 garçons, 130 filles) ont été arrêtés, sur lesquels on comptait 443 vagabonds et 411 voleurs[1].

Mais à quel âge l'enfant devient-il vagabond, voleur et en général criminel ? Rien ne l'indique dans les chiffres ci-dessus.

Voici maintenant les renseignements recueil-

1. (Voir pour les années antérieures mon : *Étude statistique des mineurs traduits en justice*, 1897, Marchal-Billard, éditeur).

lis à cet égard sur nos 600 mineurs traduits en justice.

En les divisant par âge et par nature de délit, on trouve, âgés de moins de 10 ans :

6 vagabonds,

8 voleurs,

3 mendiants,

soit 17 enfants, qui avaient 7, 8 et 9 ans.

Parmi ceux âgés de 10 ans, nous rencontrons :

10 vagabonds

et 9 voleurs :

total : 19.

Ceux âgés de 16 ans se décomposent en :

17 vagabonds.

19 voleurs,

7 mendiants,

3 autres délinquants,

total : 46.

A 12 ans, je note :

16 vagabonds,

28 voleurs,

8 mendiants,

1 autre délinquant,

total : 53.

L'âge de 13 ans, celui de la sortie de l'école,
est le plus instructif; je relève :
31 vagabonds,
56 voleurs,
7 mendiants,
3 autres délinquants,
total : 97.

A 14 ans, les chiffres sont sensiblement les
mêmes :
34 voleurs,
63 vagabonds,
9 mendiants,
7 autres délinquants,
total : 113.

Enfin, quand les enfants arrivent à la quinzième année, à la veille d'atteindre la majorité
pénale fixée à 16 ans, les arrestations se multi-
plient. On trouve :
93 vagabonds,
125 voleurs,
16 mendiants,
25 autres délinquants,
total : 259.

Que serait-ce, si je poursuivais sur des données semblables l'énumération de ceux arrêtés
entre 16 et 20 ans? Leur nombre total pour
l'année 1897, s'élève à 7 318, dans l'année 1898

à 7 870 et en 1899 à 7 547 pour le département de la Seine.

En ce qui concerne les enfants âgés de moins de 10 ans, très peu nombreux du reste, s'ils sont mendiants, c'est souvent les parents qui les exploitent et qui leur envoient demander l'aumône; s'ils sont voleurs, ce sont des vols à l'étalage de peu d'importance; s'ils vagabondent, c'est qu'ils ont suivi des plus grands et qu'ils ont déjà l'instinct de cette liberté, qui avait conduit le jeune Navet[1] à s'associer à l'existence vagabonde de Gavroche. En général, avant la dixième année, c'est la contagion de l'exemple qui est à redouter. J'ai rencontré cependant des enfants d'une précocité au mal très marquée, j'en ai donné, on s'en souvient peut-être, des exemples frappants.

Bien entendu, les enfants âgés de moins de 10 ans ne doivent faire l'objet que de mesures de reclassement; et s'ils sont arrêtés, c'est que le méfait commis est suffisamment grave ou que la récidive oblige à conduire devant la justice ceux pour lesquels les admonitions précédentes sont restées vaines.

Les enfants vagabonds surtout, même très jeunes, sont parfois incorrigibles. J'en ai observé

1. *Les Misérables*, de Victor Hugo.

deux ou trois qui, dès l'âge de 5 ou 6 ans, fuyaient constamment la maison paternelle sans raison apparente, et qui menaient une vie aventureuse, mendiant par-ci, volant par-là, couchant n'importe où, plutôt que de rester chez eux où, malgré la simplicité de l'existence, ils avaient tout ce qui leur était nécessaire.

Pour les mendiants, on s'explique plus facilement l'arrestation d'enfants très jeunes, car si bien des parents ne mendient pas avec eux, ils les envoient dans les rues fréquentées sous le prétexte de leur faire vendre quelques fleurs fanées, des crayons ou d'autres menus objets et dans le but de récolter des aumônes, qui sont d'autant plus abondantes que l'âge de l'enfant est plus tendre. C'est une exploitation éhontée contre laquelle la police réagit sévèrement, sans parler des familles qui louent leurs enfants à des mendiants de profession; mais malgré toute la répression dont elles sont l'objet, il est difficile de détruire complètement ces tristes industries, propres à toutes les grandes cités.

Ce que je viens de dire des enfants n'ayant point atteint la dixième année, je pourrai le répéter pour ceux qui ont dépassé cet âge d'une année ou deux. Cependant il y a une distinction à faire. Dès que l'enfant, après avoir fréquenté l'école maternelle, où il avait été pour ainsi dire éduqué matériellement, va en classe pour commencer à lire et à écrire, son esprit n'est plus inoccupé; les heures de classe, sans compter la garderie, dont j'ai parlé plus haut, sont autant de mesures de préservation contre la contamination de la rue. Aussi il est moins exposé et moins attiré par les camarades plus âgés; mais, sans compter l'école buissonnière, il y en a qui ne suivent pas l'école, soit parce que les parents se montrent indifférents, soit parce que la maladie ou toute autre circonstance les en a éloignés. Or ce sont les désœuvrés, les flâneurs de la rue qui sont arrêtés de bonne heure pour vagabondage ou même pour vol.

Il y en a d'ailleurs qui vont à l'école pendant la semaine et qui, le dimanche ou le jeudi venus, vont, avec un ou deux camarades, opérer dans la foule le vol à la tire, qui devient, comme je l'ai déjà dit, presque une spécialité pour les tous jeunes, parce que l'on se méfie moins des gamins de 10 ans.

Pendant la onzième et la douzième année, sauf pour ceux qui ont conquis de très bonne heure le certificat d'études, l'école est encore la meilleure sauvegarde. Mais si l'enfant quitte trop tôt les bancs de l'école, comme il ne peut être employé nulle part ni mis en apprentissage, avant qu'il ait atteint sa treizième année, il est sollicité par les mauvais exemples et les longues stations dans les rues.

Pour ceux qui suivent l'enseignement religieux de la paroisse, l'époque de la première communion est presque toujours une trêve aux mauvaises passions; mais quand la fréquentation du catéchisme cesse, l'impression reçue s'efface et beaucoup retombent dans les mêmes errements.

Mais voici l'âge de l'école passé; l'enfant a 13 ans, il faut apprendre un métier; c'est à ce moment de la vie que l'écueil devient menaçant.

Si après avoir terminé les études primaires l'enfant n'est pas admis dans une école professionnelle ou s'il n'entre pas en apprentissage, si le père et la mère, travaillant au dehors toute la journée, ne peuvent lui chercher un patron, on l'envoie un peu au hasard quémander un emploi quelconque. Les bureaux de placement sont pour lui une dangereuse promiscuité, et quand il va à travers les rues, tout seul, à la recherche d'une situation, ayant toute une journée à dépenser en pas et démarches, il est en butte à bien des tentations mauvaises et est exposé à plus d'une rencontre fâcheuse.

Heureux sont ceux qui entrent, dès la sortie de l'école, comme apprentis chez un bon patron qui les loge et les nourrit et où ils peuvent apprendre un métier !

Ceux, au contraire, qui deviennent garçons marchands de vin, ou employés à faire des courses, sont constamment exposés à mal tourner en raison des exemples funestes qu'ils rencontrent et des fréquentations malsaines qu'ils subissent. Mais certains parents peu aisés désirent que leurs enfants gagnent tout de suite quelque argent et préfèrent ces métiers subalternes à l'apprentissage qui ne donnera que plus tard des résultats rémunérateurs.

Quoi qu'il en soit, jusqu'à la treizième année inclusivement, les enfants traduits en justice n'atteignent pas une proportion trop inquiétante : une centaine, soit un sixième de ceux qui nous occupent.

A l'âge de 14 ans, ce chiffre s'augmente de quelques unités : 113 au lieu de 97 ; mais quand on arrive aux enfants qui ont atteint leur quinzième année les chiffres doublent et s'élèvent de 113 à 259.

C'est l'âge de l'enfance éminemment critique et où se produit la sélection des bons et des mauvais.

Tous ceux qui ont lutté avec succès jusque-là contre les embûches de toutes sortes qu'ils ont pu rencontrer depuis la sortie de l'école,

continueront très vraisemblablement à suivre
la bonne voie, à moins de circonstances impré-
vues; mais les autres, ceux qui ont multiplié
les escapades, qui ont déjà maraudé aux étalages ou qui n'ont pu se fixer nulle part, vont
grossir l'avant-garde de l'armée du crime. C'est
en effet à l'âge de 15 ans qu'ils se démasquent
tout à fait, et qu'ils deviennent un véritable
danger pour la société et pour leurs familles.

Sur ces 259 enfants âgés de 15 ans, 93 avaient
été arrêtés pour vagabondage et 125 pour vol.
Or, quand on dit vagabondage à cet âge-là, ce
n'est plus l'école buissonnière, ni la fugue qui
a duré quelques jours, c'est l'abandon de la
maison paternelle pendant plusieurs semaines,
plusieurs mois, avec toutes ses tristes conséquences.

Les garçons s'emploient à quelques métiers
dégradants et peu fatigants, tels que la vente
des journaux sur la voie publique, et, le soir
venu, ils vont coucher dans des bouges pro-
blématiques.

Les filles, hélas! pour la plupart sont deve-
nues des prostituées. Dès l'âge de 14 ans, sont
arrêtées, par des inspecteurs spéciaux, des filles
qui se livrent au racolage dans les rues. Quand
elles n'ont point l'âge de 16 ans, on les défère
à la justice, mais celles qui ont dépassé le cap

de la majorité pénale n'ont plus à répondre de leur conduite qu'à la police des mœurs ou à leurs parents. Ceux-ci ont une dernière ressource, ils peuvent employer la correction paternelle. Mais elles échappent le plus souvent à toute répression ; aussi leur nombre s'accroît-il à mesure qu'elles approchent de la vingtième année. Je n'en veux pour preuve que les chiffres suivants :

En 1897, 54 filles âgées de moins de 16 ans et 1 254 de 16 à 20 ans ont été arrêtées pour prostitution sur la voie publique.

En 1898, les filles âgées de moins de 16 ans, arrêtées dans les mêmes conditions, étaient au nombre de 43, et celles de 16 à 20 ans, au nombre de 1 200 ; en 1899 les filles âgées de moins de 16 ans étaient au nombre de 22 ; celles de 16 à 20 ans formaient un total de 986. Il est bien entendu que je laisse de côté les filles, dites *soumises*, inscrites régulièrement sur les registres de la police des mœurs.

Or nous n'avons ici que les filles qui se livrent à la prostitution dans les rues. Beaucoup, plus avisées, se sont soustraites à la surveillance de la police et n'en sont pas moins perdues depuis longtemps. Quelques-unes sont appréhendées après quelques jours de vagabondage et peuvent être reclassées soit dans

leurs familles, soit dans des patronages; mais
quand elles ont quitté depuis de longs mois
leurs parents, qu'elles ont descendu tous les
échelons du vice et qu'elles ont été souillées
ignominieusement par des contagions irréparables, il n'y a plus aucun remède moral à leur
appliquer.

Les enfants qui font l'objet de ma statistique
restreinte étaient-ils traduits pour la première
fois en justice, ou étaient-ils des récidivistes?
Il est intéresssant de connaître les antécédents
de ces enfants, mais il m'a paru plus utile de
les indiquer non pas en bloc, ce qui n'offrirait
pas des renseignements bien instructifs, mais
par âge et même par nature de délit. On verra
ainsi quelles étaient les tendances véritables
des sujets qui font l'objet de cette étude.

Tout d'abord je prends les plus petits. Parmi
eux, sur 17, 4 avaient déjà été arrêtés, qui
n'avaient que 8 ans, pour mendicité et vagabondage.

Les 4 enfants âgés de 8 ans notés comme
ayant déjà été arrêtés pour mendicité et vagabondage, comprenaient 3 enfants exploités par
leur mère qui les envoyait mendier, et en outre
1 vagabond incorrigible, dont j'ai parlé plus
haut. Je fais cette double remarque parce que

le chiffre des récidivistes de cet âge pourrait paraître élevé si l'on ne connaissait point l'exacte vérité.

A 9 ans, 1 avait été arrêté déjà pour vol.

A 10 ans, sur 19, on relève 10 récidivistes ainsi décomposés : 3 n'avaient été arrêtés antérieurement qu'une fois, 1 deux fois, 3 trois fois, 1 quatre fois, 2 plus de cinq fois.

Sur les 19 enfants âgés de 10 ans, 9 avaient été arrêtés pour vol et 10 pour vagabondage.

C'est donc plus de la moitié qui avait déjà eu maille à partir avec la justice et qui n'avait point profité des avertissements qu'elle lui avait donnés.

Les enfants âgés de 11 ans forment un total de 46.

Parmi eux : 17 étaient des vagabonds dont 4 avaient déjà été arrêtés une fois, 2 deux fois, 1 trois fois, 1 quatre fois, 5 plus de cinq fois, soit 13 sur 17.

Passons aux voleurs, au nombre de 19 : 5 avaient été arrêtés une seule fois, 1 deux fois, 5 plus de cinq fois, 11 sur 19.

Pour les autres délinquants (dont 7 pour mendicité) et au nombre de 10 : 3 avaient été arrêtés une fois, 1 deux fois, 1 quatre fois, soit 5 sur 10.

En récapitulant, 29 enfants âgés de 10 ans sur 46 étaient des récidivistes, la plupart invétérés.

En passant à la douzième année, les chiffres varient peu.

Sur 16 vagabonds : 3 avaient été arrêtés une fois, 4 deux fois, 3 trois fois, soit 10 sur 16.

Parmi les voleurs, au nombre de 28, 10 avaient été arrêtés une seule fois, 1 deux fois, 3 plus de 5 fois; soit 14 sur 28.

Enfin 9 enfants (dont 8 mendiants), arrêtés pour autre cause, avaient comparu devant la justice : 1 une fois, 2 deux fois, 1 plus de cinq fois.

C'est donc 28 récidivistes sur 53 enfants âgés de 12 ans.

A 13 ans, âge où l'on quitte l'école, voici la situation des 97 délinquants de cet âge :

Les voleurs, au nombre de 56, se décomposent ainsi : 15 avaient été arrêtés une fois, 6 deux fois, 2 trois fois, 1 quatre fois, 6 plus de cinq fois ; soit 30 sur 56.

Chez les vagabonds qui n'étaient que 17 : 6 avaient été arrêtés une fois, 2 deux fois, 1 trois fois, 1 quatre fois, 6 plus de cinq fois, soit 17 sur 31.

Les autres délinquants (dont 7 mendiants), au nombre de 10, comprenaient 2 enfants arrêtés une fois, 2 deux fois, 1 une fois, 2 plusieurs fois, soit 7 sur 10.

En les totalisant, nous trouvons 54 récidivistes de 13 ans sur 99 délinquants, et nombre d'entre eux étaient venus souvent devant les autorités judiciaires.

L'âge de 14 ans nous donne les chiffres suivants :

Sur 113 délinquants, 63 avaient été arrêtés pour vol, 34 pour vagabondage, et 16 pour d'autres causes (dont 9 pour mendicité).

Sur les 63 voleurs, 15 avaient été déjà arrêtés une fois, 6 deux fois, 1 quatre fois, 7 plus de 5 fois, soit 29 sur 63.

Les 34 vagabonds comprenaient 13 récidivistes : 6 avaient été arrêtés une fois, 3 deux fois, 2 trois fois, 2 plus de cinq fois.

Sur les 16 autres délinquants de toute nature : 2 avaient été arrêtés une fois, 2 deux fois, 2 trois fois, 3 plus de cinq fois; soit 9 sur 16.

Au total, sur 113 mineurs âgés de 14 ans, 51 avaient déjà été traduits en justice.

J'arrive maintenant à l'âge le plus important, puisque c'est celui qui est le *terminus* de la minorité pénale.

On se rappelle que 259 mineurs sur 600 qui font l'objet de mon étude étaient âgés de 15 ans, et qu'ils avaient été arrêtés : 93 pour vagabondage, 125 pour vol, 16 pour mendicité, 5 pour coups volontaires, 8 pour abus de confiance, 8 pour outrage aux agents de l'autorité, 1 pour outrage public à la pudeur, 1 pour escroquerie, au total 259.

Des 93 mendiants : 21 avaient déjà été arrêtés une fois, 10 deux fois, 3 trois fois, 3 quatre fois, 10 plus de 5 fois, soit 47 sur 93.

Parmi les 125 voleurs : 33 avaient été déjà arrêtés une fois, 9 deux fois, 6 trois fois, 1 quatre fois, 4 plus de 5 fois, soit 53 sur 125.

Enfin sur les 41 autres délinquants, 16 avaient été arrêtés une fois, 2 deux fois, 4 trois fois, soit 22 sur 41.

J'en ai fini avec cette longue énumération. Que l'on me pardonne ces chiffres, mais je les crois instructifs, et j'estime que s'ils étaient généralisés pour les arrestations qui sont opérées pendant toute une année dans le département de la Seine, on verrait que la proportion est la même. J'ai recueilli en effet, au fur et à mesure de leur entrée dans mon cabinet, sur ces 600 affaires, les dernières instruites et sans en excepter aucune, les renseignements que je donne ci-dessus et qui sont rigoureusement exacts. On peut en conclure que les récidivistes âgés de moins de 16 ans forment *la moitié* de ceux qui sont arrêtés.

Pendant les quelques années que j'ai été chargé des affaires concernant les mineurs, j'en ai revu un certain nombre plusieurs fois, et souvent quand une ordonnance de non-lieu intervenait en leur faveur, lorsque, par exemple, le délit était jugé peu grave, mais que les renseignements fournis sur l'enfant étaient détestables, je prévoyais leur retour prochain, déplorant qu'un placement définitif n'ait pu leur être procuré, les parents demandant eux-mêmes cette mesure de préservation.

J'ai donné ces chiffres en détail pour que ceux qui s'intéressent à la criminalité de l'enfance puissent y puiser des renseignements certains. Combien il serait utile, pour être tout à fait éclairé, qu'une enquête semblable mais qui comprendrait toute la France soit faite, ne serait-ce que pendant une année. Les révélations que donneraient ces renseignements recueillis feraient pousser un cri d'alarme et amèneraient, je l'espère, les réformes que les philanthropes et les criminalistes attendent depuis si longtemps.

CHAPITRE III

L'instruction de l'enfant : l'école et l'apprentissage.

L'instruction est-elle un moyen d'enrayer la criminalité de l'enfance ?

Je n'examinerai point à fond cette question que des hommes éminents, plus autorisés, ont traitée magistralement. Mais je tiens à l'éclairer au moyen de mon enquête statistique. Je donnerai ensuite mon appréciation en notant celles qui ont été émises par certains philosophes et criminalistes.

D'abord, qu'entend-on par l'instruction nécessaire à l'enfant ? Sont-ce les éléments les plus sommaires, tels que la lecture, l'écriture et le calcul ? Faut-il, au contraire, qu'ils connaissent à fond tout ce que comporte le programme officiel de l'enseignement primaire ? Je laisse de côté, bien entendu, l'enseignement supérieur des collèges et des lycées. Pour notre étude spéciale, il suffit de s'en tenir au bas de l'échelle, et de ne point faire porter les investigations au delà de ce qui se passe dans les familles modestes, qui ont le travail matériel comme seul objectif et comme unique moyen d'existence.

A l'aide d'un questionnaire auquel ont répondu exactement ceux qui fournissaient des renseignements précis sur l'enfant, il est facile de connaître, à tout âge (car il m'a paru intéressant de noter cette indication par âge), quel était le degré de *savoir* de tout enfant arrêté. On peut trouver, en effet, une relation intéressante entre la faute commise et la situation intellectuelle du coupable.

Afin d'être clair et précis, j'ai divisé en trois catégories les enfants quant à leur degré d'instruction :

Les *illettrés*, c'est-à-dire ceux ne sachant ni lire ni écrire, soit qu'ils n'aient point été à l'école ou qu'ils n'y aient rien pu ou rien voulu apprendre.

Ceux *sachant lire et écrire seulement*.

Ceux, enfin, qui ont obtenu *le certificat d'études*, c'est-à-dire le diplôme constatant que l'enfant a parcouru tout le cycle de l'enseignement primaire et qu'il en a profité suffisamment.

Pour les plus petits, âgés de 7 à 9 ans, quoique ayant passé par l'école maternelle, il n'y a aucun intérêt à rechercher ce qu'ils savaient au moment de leur arrestation. Mais en général, sur 17, ils étaient presque tous illettrés et la plupart n'avaient point encore fréquenté l'école. D'ailleurs, seuls les enfants dont les parents s'occupent eux-mêmes, peuvent avoir à cet âge des notions de lecture et d'écriture. Or, pour la plupart des enfants appartenant aux classes laborieuses, ce n'est guère qu'à l'école qu'ils commencent réellement leur instruction même la plus élémentaire. Leurs parents n'auraient pu leur apprendre à lire ou à écrire, manquant de temps d'abord, et ne possédant point ensuite la méthode nécessaire à cet enseignement.

Dès l'âge de 10 ans, on trouve des indications plus certaines. Sur 19 délinquants, 6 étaient complètement illettrés et 13 savaient à peu près lire et écrire. Ces derniers avaient forcément fréquenté l'école avec une certaine régularité.

A partir de l'âge de 11 ans, nous diviserons, comme plus haut, les délinquants par nature d'infractions pénales.

Il y avait 19 voleurs : 9 d'entre eux étaient illettrés, 9 savaient lire et écrire, 1 seul avait obtenu son certificat d'études. Ce dernier était plutôt en avance, car ce n'est guère qu'entre la douzième et la treizième année que l'on passe les examens exigés pour obtenir ce diplôme.

Sur 17 vagabonds, 4 étaient illettrés et 13 savaient simplement lire et écrire.

Parmi les autres délinquants, 3 étaient illettrés, 7 savaient lire et écrire.

Au total, sur 46 enfants âgés de 11 ans, il y avait 16 enfants illettrés, 29 sachant lire et écrire et 1 ayant obtenu son certificat d'études.

A 12 ans, les proportions changent, mais tous ceux qui sont illettrés à cet âge se retrouveront au même point en avançant en âge. Pour ceux-ci, en effet, ou bien ils n'ont jamais fréquenté l'école, ou bien ils sont rebelles à tout enseignement.

Sur 28 voleurs, 5 étaient illettrés et 23 savaient lire et écrire.

Parmi les 16 vagabonds, 5 étaient illettrés, 11 savaient lire et écrire.

Pour les autres délinquants, on comptait 1 illettré et 8 sachant lire et écrire.

Au total, sur 53 enfants âgés de 12 ans, on rencontrait 11 illettrés et 42 écoliers sachant lire et écrire. Aucun n'avait encore obtenu le certificat d'études.

Les écoles primaires ferment leurs portes aux enfants qui ont atteint leur treizième année. L'école du soir permettra bien, à ceux qui veu-

lent apprendre ou ne pas oublier, de profiter
encore de l'enseignement scolaire, mais en général les renseignements concernant les enfants
âgés de plus de 13 ans sont définitifs quant à
leur degré d'instruction. Il est donc intéressant
de connaître le nombre de ceux qui ont été à
l'école et qui y ont appris quelque chose, et le
nombre de ceux qui sont restés absolument
ignorants.

Sur 56 voleurs, 11 étaient illettrés, 40 savaient
lire et écrire, 5 avaient obtenu le certificat
d'études.

Parmi les 31 vagabonds, 6 étaient illettrés,
21 sachant lire et écrire, 4 ayant leur certificat d'études.

Enfin les autres délinquants comprenaient
1 illettré, 7 savaient lire et écrire, 2 avaient leur
certificat d'études.

Au total, sur 99 enfants de 13 ans, il y avait
18 illettrés, 68 sachant lire et écrire, 11 titulaires du certificat d'études.

Les délinquants qui ont 14 ans se présentent
à peu près dans les mêmes conditions que ceux
qui n'ont que 13 ans; leur nombre, on l'a
vu, est sensiblement le même : 113 au lieu
de 99.

Sur 34 vagabonds, 7 étaient illettrés, 22 sa-

vaient lire et écrire, 5 possédaient leur certificat d'études.

Les 63 voleurs comprenaient 15 illettrés,
37 sachant lire et écrire et 11 pourvus du certificat d'études.

Parmi les autres délinquants il y avait 5 illettrés, 9 sachant lire et écrire et 2 ayant obtenu
le certificat d'études.

Au total, sur 113 enfants : 27 étaient illettrés,
68 savaient lire et écrire, 18 étaient titulaires
du certificat d'études.

Les enfants traduits en justice âgés de 15 ans
sont les plus nombreux, 259, on se le rappelle.

Sur 93 vagabonds, 13 étaient illettrés, 65 savaient lire et écrire, 15 détenaient leur certificat d'études.

Les voleurs, au nombre de 125, se décom-
posaient en 14 illettrés, 90 sachant lire et écrire
et 21 possesseurs du certificat d'études.

Les 41 autres délinquants comprenaient
6 illettrés, 22 sachant lire et écrire et 13 pourvus
du certificat d'études.

Au total, sur 259, il y avait 33 illettrés, 177
sachant lire et écrire, 49 titulaires du certificat
d'études.

En résumé, comme on le voit, nos 600 enfants traduits en justice n'avaient point des

connaissances bien grandes, 79 d'entre eux seulement avaient poursuivi leurs classes jusqu'au moment où ils avaient obtenu le certificat d'études; les autres étaient illettrés ou ne savaient que lire et écrire.

La fréquentation de l'école est-elle, en consultant les chiffres ci-dessus, un moyen de préservation efficace?

Quand elle est complétée par une garderie durant toute la journée, elle a au moins l'avantage, si l'écolier est assidu, de l'empêcher de vagabonder et lui éviter ainsi les tentations sans nombre de la rue. Mais quand l'âge de 13 ans arrive et que l'enfant est obligé de chercher un métier, elle ne peut être d'aucune utilité à ce point de vue. Or nous avons constaté que sur nos 600 délinquants 471 avaient dépassé la treizième année.

L'instruction est-elle un moyen de combattre la criminalité?

Si l'on met en balance l'accroissement de la criminalité et les efforts faits pendant ce siècle pour instruire les masses, on ne peut tirer aucune conséquence pratique. « Après le pain, l'instruction est le premier besoin du peuple », a dit Danton. Cette maxime n'est vraie que si l'on y ajoute l'*éducation* qui est le complément indispensable de l'instruction : sans le principe éducatif et moralisant, en effet, l'enseignement pédagogique ne peut agir efficacement par lui seul.

Ceux qui se payent de mots répètent le fameux aphorisme : « Donnez-moi l'instruction et je changerai le monde. » « Parole creuse, dit M. Georges Picot, qui ne tient compte d'aucune réalité. Le vrai, ajoute-t-il, c'est que ni l'instruction pédagogique, ni le maître qui la donne n'ont la vertu de former les convictions de l'homme. L'âme d'une génération n'est pas une pâte molle qu'un pouvoir humain puisse sculpter à sa fantaisie. »

On a même prétendu que l'instruction, telle qu'elle est donnée dans notre pays, avait une influence néfaste.

« Le défaut général de notre système d'enseignement, a dit M. Alfred Fouillée[1], est la prédominance de la conception intellectualiste et rationaliste héritée du dernier siècle et qui attribue à la connaissance surtout scientifique un rôle exagéré dans la conduite morale. » Il est bien certain que l'enseignement scientifique doit marcher de pair avec l'éducation morale. Cette direction éducative ne peut pas être faite utilement par le pédagogue. Celui-ci est destiné

1. *Les Jeunes Criminels* (*Revue des Deux Mondes*, 15 janvier 1897).

à enseigner, mais l'éducation qu'il pourrait donner ne serait pas suffisante. Montesquieu a dit justement que l'homme reçoit trois éducations qui se contredisent l'une l'autre : l'éducation du collège, l'éducation de la société, l'éducation de la vie. Et pour être tout à fait juste, il faut ajouter celle de la famille. Le vrai éducateur, en effet, c'est le père de famille et surtout la mère.

Les ministres des différents cultes y ajoutent l'enseignement religieux, mais il y a aussi d'autres éléments à enseigner aux enfants, en plus de l'éducation morale et religieuse, c'est l'amour de la patrie.

« Le patriotisme, dit M. Jacques Bonzon [1], non pas celui d'une foule avinée chantant la *Marseillaise* ou tel vague hymne croate, mais ce sentiment pur et fort qui unit à certains jours les âmes les plus hautes comme les plus humbles, les esprits les plus savants et les cerveaux les plus modestes, qui touche à la religion par sa forme sentimentale et poétique, à la science par son caractère rationnel aussi, par les faits qu'on peut apporter pour le défendre et en prouver la nécessité, par l'histoire constante qui le montre animant les nations puissantes, laissant périr et

1. *Le Crime et l'École*, 1896.

disparaître celles qui le méconnaissent ou le méprisent, le patriotisme, voilà ce qu'il nous faut à l'école, voilà le sentiment suprême dont vous devez imprégner l'instruction populaire et la vivifier toute. »

Cet enseignement du patriotisme peut être donné dans la famille, mais l'instituteur pourrait le compléter. Certainement, on donne aux enfants à l'école des idées de patriotisme en leur racontant les épopées glorieuses de notre France ancienne et moderne, mais il faudrait un enseignement pour ainsi dire rationnel de ce sentiment si élevé.

J'ai compris qu'il y avait d'autres moyens que les récits héroïques pour exalter chez les enfants l'amour du pays, en visitant récemment une école anglaise à Londres. Je suis entré dans la classe au moment de la leçon de géographie. Sur le mur, une carte énorme reproduisant l'immense empire britannique, sur lequel le soleil ne se couche jamais. Le maître demandait, en montrant les diverses contrées du globe, de quelle nation dépendaient les pays désignés. Quand c'était une possession anglaise, il fallait voir avec quel entrain et quel orgueil joyeux ces enfants de 10 à 12 ans s'écriaient en chœur : « A l'Angleterre ! » On aurait dit un vivat. Ne vaudrait-il pas mieux apprendre aux écoliers un peu moins de choses abstraites et leur inculquer des sentiments analogues à l'aide de procédés aussi simples que pratiques?

Et puis ne pourrait-on pas exiger des parents une plus grande assiduité à l'école pour leurs enfants. Sur 250 000 enfants inscrits, 45 000 environ fréquentent irrégulièrement l'école ou n'y viennent pas du tout. Notre instruction obligatoire n'est qu'une étiquette politique, les lois scolaires n'étant point sérieusement appliquées. Outre que les pénalités qu'elles édictent ne sont pas très graves, celles-ci sont très rarement prononcées par les autorités compétentes. Aussi il en résulte un relâchement fâcheux qui, comme on le voit, permet au cinquième des écoliers de déserter l'école où chacun cependant à sa place marquée.

Les pays voisins sont plus sévères, et je dirai plus loin comment les Anglais ont compris les droits de la société en se montrant très exigeants vis-à-vis des parents indifférents et encore à l'égard des enfants qui font l'école buissonnière pour se livrer au vagabondage.

Il me paraît inutile d'insister sur cette grave question, car il faudrait entrer dans des développements et des considérations trop longues pour le cadre de cette étude. Qu'il me suffise de poser en principe que la partie scientifique de l'enseignement doit se combiner avec l'éducation morale de l'enfant, de façon que les sentiments élevés de l'âme soient exaltés plutôt que refoulés au second plan. Les maîtres seraient, je le crois, disposés à entrer dans cette voie, pourvu qu'on leur donne une indépendance pédagogique qui ne serait point entravée par les influences politiques et administratives.

Pour être complet, il me reste à parler de l'instruction religieuse. Depuis que les lois scolaires ont rendu l'école neutre, ce sont les ministres des différents cultes qui sont chargés, à la paroisse, au temple, à la synagogue, de cet enseignement. Les parents sont libres d'y envoyer leurs enfants aux heures et aux jours laissés libres par l'école.

J'ai relevé avec soin des indications sur le nombre des enfants qui avaient été instruits dans leur culte. Mais les réponses sur ce point ne me permettent point de dresser une statistique sérieuse, et je préfère n'en point donner que d'en présenter une douteuse, incomplète ou erronée.

J'ai pu cependant constater qu'un grand nombre d'enfants étaient notés comme n'étant point instruits dans leur culte et même plusieurs étaient désignés comme n'appartenant à aucun culte. La majorité néanmoins avaient reçu une instruction religieuse plus ou moins parfaite; mais, je le répète, sur ce point, il me serait impossible de fournir des chiffres, la plupart du temps les renseignements recueillis se bornant à indiquer le nom du culte, sans fournir d'autre explication.

L'enseignement pédagogique ne suffit pas aux enfants des classes travailleuses, il faut aussi leur apprendre à se servir de leurs mains de bonne heure pour se préparer à l'apprentissage d'un métier. Dans les différentes écoles de Paris se trouvent des ateliers de menuiserie, de serrurerie et autres, où les enfants, même pendant la période scolaire, commencent à se familiariser avec le maniement des outils. Ils peuvent même, de cette façon, préparer leur vocation pour tel ou tel métier, car ils passent successivement dans les divers ateliers de l'école. Les filles ont, de leur côté, des heures de classe où les institutrices sont remplacées par des couturières, des lingères, etc. Elles apprennent ainsi de bonne heure les premiers éléments des travaux féminins.

Plus tard, quand le certificat d'études a été obtenu, des écoles professionnelles pour les garçons et pour les filles permettent aux uns et aux autres d'apprendre des métiers spéciaux et d'arriver à un plus grand perfectionnement.

Beaucoup sortent de ces écoles qui sont de véritables artistes en leur genre. C'est une excellente institution que l'on ne connaît pas assez et dont l'organisation, cependant très intelligente, devrait être largement vulgarisée.

En résumé, l'enseignement pédagogique et industriel est suffisamment organisé, soit dans les écoles officielles, soit dans les écoles libres, pour pourvoir à tous les besoins. C'est aux parents de se servir de tous ces moyens mis à leur disposition en y ajoutant l'éducation de la famille; celle-ci peut seule, en effet, garantir leurs enfants contre les dangers innombrables qui les entourent jusqu'à ce qu'ils aient la raison suffisante pour se gouverner eux-mêmes.

C'est donc, je ne saurais trop le répéter, en organisant fortement la famille que l'on obtiendra, par l'éducation qu'elle procure aux enfants, le complément de ce que l'enseignement pédagogique ne peut fournir.

On enseigne bien la morale à l'école, mais cette morale se base surtout sur des devoirs et des droits sociaux. Ce qui est indispensable, c'est l'éducation qui a pour base des sentiments moins compliqués; et au premier rang, je place l'affection et le respect des parents.

Ces derniers seront aimés et respectés, s'ils aiment leurs enfants comme il convient de le faire, sans perdre de leur autorité, et s'ils sont respectables eux-mêmes. Les enfants, même les plus pervers, savent bien, quand leurs parents sont dignes et honorés, leur rendre justice ; je n'en veux pour preuve que les lettres touchantes qu'ils leur écrivent de leur cellule de la Petite-Roquette, où la réflexion et le repentir sont produits par ce brusque isolement[1].

Mieux vaut, pour ces enfants qui ont gardé

1. Dans l'une d'elles qui m'a été remise par les parents, un gamin de 12 ans leur disait : « Je vous écris cette lettre en pleurant abondamment. Si vous saviez comme je souffre depuis lundi, comme je pleure ; je n'ai pas mangé depuis lundi, mais ce qui m'est arrivé c'est bien de ma faute, j'avais été assez prévenu, mais depuis que j'étais parti de la maison, tous les matins, j'ai vu que j'avais fait une bêtise de m'en aller de chez vous. J'ai été détourné par des voyous et j'ai fauté, maintenant je suis bien heureux. Je suis à la Petite-Roquette comme les voleurs. Ça fait rien, tout cela ne retire pas mes qualités. Si j'étais sûr que tu me reprennes, vous verriez, je serais l'enfant le plus docile avec vous. Je ne partirais plus jamais, je serais poli, jamais vous n'aurez rien à me reprocher. Ah ! que je serais heureux si je pouvais rentrer chez vous. Je serre la main à mon frère. Papa, je sais que tu m'avais dit que je n'étais plus ton fils parce que je t'avais fait des sottises, mais à l'avenir je serai ton fils... Ma mère, je n'ai rien à lui dire. Cette pauvre femme qui s'est donné tant de mal pour m'élever et que je fais tant souffrir... Je vous jure que ça me corrige et que ça me purgera mieux qu'une purge, soyez-en sûrs. Tant qu'à ma petite sœur, elle m'aime sans comprendre et moi, tout en n'ayant pas l'air de vous aimer et qui ai le cœur dur, je pleure tout de même comme un misérable », et ainsi pendant quatre longues pages ; j'ai respecté le style, mais non l'orthographe qui était presque absente. Cet enfant, comme bien d'autres, avait, on le voit, conservé le culte de la famille.

la piété filiale, le retour dans la famille que l'envoi dans les maisons de correction les mieux perfectionnées. Pour ceux-là, le reclassement est possible et même certain, pourvu que les parents se montrent dans la suite plus sévères dans leur surveillance et plus circonspects dans leurs relations avec leurs enfants.

Mais quand la famille est indigne, il faut forcément suppléer à cette éducation naturelle et préserver autrement l'enfant, qui devra connaître enfin les vrais principes de la morale qu'il avait jusque-là complètement ignorés.

Bien des moyens, du reste, outre ceux qui sont installés à l'école, sans parler des œuvres religieuses dirigées par les ministres des différents cultes ou des associations charitables, sont à la disposition des familles qui ne peuvent, à cause de leur labeur quotidien, diriger utilement l'éducation morale de leurs enfants. Je voudrais citer tous les patronages créés dans chaque quartier, mais j'en oublierais et des meilleurs.

Plus modestes et plus admirables aussi sont ces femmes du monde qui vont à tour de rôle porter la bonne parole aux enfants des travailleurs ou des miséreux et qui se mettent en contact direct avec les familles en les aidant de leurs conseils et en leur prodiguant des encou-

ragements. Donner de sa personne est mieux
que d'ouvrir sa bourse toute grande pour y
prendre le superflu, sans connaître l'emploi de
son aumône. Le véritable altruisme est celui
qui consiste à s'entr'aider, non seulement par
des échanges de secours, mais surtout en par-
tageant, pour les atténuer, les infortunes morales qui sont quelquefois plus lamentables que
les autres.

Les efforts faits par les œuvres charitables,
les patronages et aussi par de simples particu-
liers pour détourner de la mauvaise voie les
enfants qui sont en butte à tous les entraînements, ont amené des résultats heureux. Il est
consolant de penser que les familles qui ne peuvent procurer à leurs enfants tous les moyens
d'éducation réservés aux parents fortunés, sont
aidées courageusement.

CHAPITRE IV

Les enfants uniques. — Les frères et sœurs. — Les nombreuses familles. — Les bons et les mauvais enfants.

Jusqu'ici, je n'avais envisagé que la famille dans ses rapports avec la société, sans me préoccuper de savoir quelle était la situation morale des enfants nés de mêmes parents et élevés de la même façon que celui de leurs frères ou sœurs qui avait été traduit en justice. Pour ceux qui estiment que l'éducation mauvaise est, concurremment avec l'*atavisme* et l'*idiosyncrasie*, le facteur déterminant de la criminalité juvénile, il est bon de présenter des chiffres évaluatifs.

Il m'a paru intéressant de rechercher combien d'enfants avaient été élevés par les 600 familles qui font l'objet de mon enquête. J'aurais pu noter l'âge des frères et sœurs, mais cette indication aurait été un peu fastidieuse et n'aurait point donné de résultats plus probants, car tantôt l'enfant coupable est l'aîné, tantôt le plus jeune, parfois il a des frères à la fois plus jeunes et plus âgés que lui.

Le point important est de savoir comment se comportaient les frères et sœurs du délinquant au moment de la comparution de celui-ci devant la justice.

Je suivrai, pour cette nomenclature, le même procédé déjà employé, et je classerai, pour donner ces renseignements statistiques, les enfants par âge et par nature de délit, sauf à totaliser en bloc les renseignements obtenus.

Les familles des enfants âgés de moins de 10 ans étaient ainsi réparties :

1 famille avait	2 enfants : soit. . . .	2 enfants
3 familles avaient 3	—	—	9	—
7	—	—	4	—	—	28	—
3	—	—	5	—	—	15	—
1	—	—	10	—	—	10	—
1	—	—	12		—	12	—

16 familles ayant élevé. . . . . 76 enfants

Il n'y avait point d'enfant unique délinquant.

Pour ceux âgés de 10 ans :

3 familles avaient	1 enfant : soit. . . .	3 enfants
5 —	—	2 —	—	10 —
5 —	—	3 —	—	15 —
2 —	—	4 —	—	8 —
1 —	—	5 —	—	5 —
2 —	—	6 —	—	12 —
1 —	—	8 —	—	8 —
19 familles				61 enfants

Au total, 19 familles ayant élevé 61 enfants, mais en défalquant les 3 familles n'ayant qu'un seul enfant, on a : 16 familles ayant élevé 58 enfants.

A partir de 11 ans je distingue la nature des fautes commises, comme je l'ai fait plus haut.

D'abord les voleurs âgés de 11 ans :

5 familles avaient	2 enfants : soit. . . .	10 enfants
4 —	—	3 —	—	12 —
4 —	—	4 —	—	16 —
1 —	—	5 —	—	5 —
2 —	—	6 —	—	12 —
3 —	—	8 —	—	24 —
19 familles				79 enfants

Pas d'enfant unique.

Les vagabonds :

1 famille avait	1 enfant : soit. . . .	1 enfant
2 familles avaient	2 enfants —	4 enfants
2 — —	3 — —	6 —
2 — —	4 — —	8 —
7 — —	5 — —	35 —
1 — —	7 — —	7 —
2 — —	8 — —	16 —
17 familles		77 enfants

Un seul enfant unique.

Les autres délinquants du même âge :

2 familles avaient	1 enfant : soit. . . .	2 enfants
2 — —	2 — —	4 —
2 — —	3 — —	6 —
2 — —	4 — —	8 —
1 — —	5 — —	5 —
1 — —	6 — —	6 —
10 familles		31 enfants

dont 2 enfants uniques.

Au total, 46 familles ayant élevé 187 enfants sur lesquels on ne relève que 3 enfants uniques.

Passons aux délinquants de 12 ans :

Les vagabonds :

2 familles avaient	1 enfant : soit. . . .	2 enfants
5 —	—	2 —	—	10 —
5 —	—	3 —	—	15 —
2 —	—	5 —	—	10 —
1 —	—	6 —	—	6 —
1 —	—	7 —	—	7 —
16 familles				50 enfants

dont 2 enfants uniques.

Les voleurs.

4 familles avaient	1 enfant : soit. . . .	4 enfants
5 —	—	2 —	—	10 —
7 —	—	3 —	—	21 —
8 —	—	4 —	—	32 —
1 —	—	5 —	—	5 —
2 —	—	6 —	—	12 —
1 —	—	9 —	—	9 —
28 familles				93 enfants

dont 4 enfants uniques.

Les autres délinquants du même âge :

4 familles avaient	2 enfants : soit. . . .	8 enfants
1 —	—	4 —	—	4 —
2 —	—	5 —	—	10 —
2 —	—	7 —	—	14 —
9 familles				36 enfants

Pas d'enfant unique.

En résumé, 53 familles ayant élevé 179 enfants sur lesquels il y avait 7 enfants uniques.

Voici le dénombrement concernant les délinquants âgés de 13 ans :

Les vagabonds :

6 familles avaient	1 enfant : soit. . . .	6 enfants
5 —	— 2 —	—	10 —
9 —	— 3 —	—	27 —
3 —	— 4 —	—	12 —
4 —	— 5 —	—	20 —
1 —	— 6 —	—	6 —
1 —	— 7 —	—	7 —
1 —	— 8 —	—	8 —
1 —	— 9 —	—	9 —
31 familles			105 enfants

dont 6 enfants uniques.

Les voleurs :

6 familles avaient	1 enfant : soit. . . .	6 enfants
9 —	— 2 —	—	18 —
10 —	— 3 —	—	30 —
11 —	— 4 —	—	44 —
10 —	— 5 —	—	50 —
8 —	— 6 —	—	48 —
1 —	— 7 —	—	7 —
1 —	— 8 —	—	8 —
56 familles			211 enfants

sur lesquels 6 étaient uniques.

Les autres délinquants :

2 familles avaient	2 enfants : soit. . . .	4 enfants
5 —	— 3 —	—	15 —
1 —	— 4 —	—	4 —
1 —	— 5 —	—	5 —
1 —	— 7 —	—	7 —
10 familles					35 enfants

Au total, 97 familles ont élevé 351 enfants, sur lesquels 12 seulement étaient uniques.

Prenons maintenant les délinquants de 14 ans :

Les voleurs :

7 familles avaient	1 enfant : soit. . . .	7 enfants
13 —	— 2 —	—	26 —
12 —	— 3 —	—	36 —
8 —	— 4 —	—	32 —
8 —	— 5 —	—	40 —
9 —	— 6 —	—	54 —
4 —	— 7 —	—	28 —
1 —	— 9 —	—	9 —
1 —	— 10 —	—	10 —
63 familles				242 enfants

dont 7 enfants uniques.

Les vagabonds :

4 familles avaient	1	enfant : soit. . . .	4 enfants
6 —	— 2	—	—. . . .	12 —
6 —	— 3	—	—. . . .	18 —
4 —	— 4	—	—. . . .	16 —
8 —	— 5	—	—. . . .	40 —
2 —	— 6	—	—. . . .	12 —
2 —	— 7	—	—. . . .	14 —
1 —	— 8	—	—. . . .	8 —
1 —	— 9	—	—. . . .	9 —
34 familles				133 enfants

dont 4 enfants uniques.

Les autres délinquants du même âge :

1 famille avait	1 enfant : soit.	1 enfant
5 familles avaient	2 enfants : soit. . . .	10 enfants
2 —	— 3	—	—. . . .	6 —
3 —	— 4	—	—. . . .	12 —
2 —	— 5	—	—. . . .	10 —
1 —	— 7	—	—. . . .	7 —
2 —	— 9	—	—. . . .	18 —
16 familles				64 enfants

dont 1 seul enfant unique.

Au total, 113 familles ayant élevé 439 enfants, dont 12 enfants uniques.

Arrivons enfin aux plus nombreux, ceux âgés de 15 ans révolus.

Les voleurs :

19 familles avaient	1 enfant : soit. . . .	19 enfants
21 — —	2 — —	42 —
14 -- —	3 — —	42 —
18 — —	3 — —	72 —
18 — —	4 — —	90 —
19 — —	6 — —	114 —
10 — —	7 — —	70 —
4 — —	8 — —	32 —
2 — —	10 -- —	20 —
125 familles		501 enfants

dont 19 enfants uniques.

Les vagabonds :

10 familles avaient	1 enfant : soit. . . .	10 enfants
20 — —	2 — —	40 —
17 — —	5 — —	51 —
20 — —	4 — —	80 —
15 — —	5 — —	75 —
9 — —	6 — --	63 —
1 — —	7 — —	7 —
1 — —	9 — —	9 —
93 familles		335 enfants

dont 10 enfants uniques seulement.

Pour les autres délinquants :

6 familles avaient	1 enfant : soit. . . .	6 enfants
6 —	— 2 —	—	12 —
7 —	— 3 —	—	21 —
8 —	— 4 —	—	32 —
8 —	— 5 —	—	40 —
3 —	— 6 —	—	18 —
1 —	— 7 —	—	7 —
1 —	— 8 —	—	8 —
1 —	— 9 —	—	9 —
41 familles					153 enfants

dont 6 enfants uniques.

En récapitulant pour les enfants de 15 ans : 259 familles ont élevé 999 enfants, dont 35 enfants uniques.

Si l'on veut former un total général comprenant tous les âges et toutes les natures de délits, nos 600 familles avaient eu à élever et éduquer 2320 enfants ; si l'on en retranche 70 qui n'ont eu que des enfants uniques, on voit que 530 familles, ayant au moins 2 enfants, avaient eu à élever 2250 enfants, soit plus de 4 en moyenne.

Pourquoi les frères et sœurs de ces enfants sont-ils restés intacts, et pourquoi un seul enfant est-il devenu criminel ? Quand je dis un seul, je me trompe, car il y avait aussi des frères et sœurs qui avaient subi la contagion du mal, mais ils étaient peu nombreux. Cependant j'ai noté que 18 vivaient en concubinage, 15 avaient été condamnés à diverses peines pour différents délits, 12 avaient été envoyés en correction, soit un total de 45 qu'il faut encore défalquer de ceux qui, élevés par les mêmes parents, se conduisaient convenablement, et sur lesquels aucune remarque défavorable n'avait été faite.

Il restait réellement, en retranchant des 2250 enfants élevés par les 530 familles ayant plusieurs enfants, d'abord les 530 délinquants arrêtés, et ensuite les 45 frères et sœurs indignes ou mauvais, *seize cent soixante-quinze enfants* qui se conduisaient bien, c'est-à-dire 3 sur 4 en moyenne.

Je rappellerai que plus du cinquième des parents faisaient l'objet de mauvais renseignements, une vingtaine avaient même été condamnés pour vol, coups, outrages aux agents, ivresse, pêche ou chasse, toute une gamme de délits et de contraventions; mais les renseignements à cet égard ne sont point suffisamment complets pour que l'on puisse affirmer que, seuls, ces parents avaient été l'objet de condamnations. Il faudrait, pour être précis, exiger le casier judiciaire dans chaque affaire. Or, souvent, on n'aurait point les éléments suffisants pour le demander et, en pratique, cela ne se fait qu'au cas où l'on entrevoit la possibilité de provoquer la déchéance paternelle.

Bien des enfants, il est vrai, avaient été contaminés par leurs parents ou par leurs frères ou sœurs déjà condamnés ou envoyés en correction; mais les autres, et c'est la grande majorité, pourquoi et comment étaient-ils devenus criminels?

Est-ce l'*atavisme*? Mais alors, pourquoi un seul subit-il cette loi fatale de l'hérédité, à peine deux, si la famille est nombreuse?

Est-ce l'*idiosyncrasie*? c'est-à-dire l'impulsion naturelle provenant de la constitution propre de l'enfant? Or comment affirmer que tel fait a été provoqué par telle poussée morbide? Cette relation, si elle existe, est si mystérieuse et d'un ordre psychique si délicat, qu'il est bien difficile de se prononcer dans la plupart des cas. Certainement, on trouvera des enfants obéissant à des influences maladives, mais alors ce sont des déments et non des criminels.

Est-ce l'éducation donnée? Mais nous venons de voir que les trois quarts des enfants ont échappé aux influences néfastes de la direction familiale, si elle a été mauvaise.

Est-ce enfin le milieu dans lequel vit l'enfant

qui l'a rendu criminel? C'est un peu comme pour l'éducation. Pourquoi un seul est-il transformé par l'ambiance, quand les autres ne sont point désorganisés par les mauvais ferments avec lesquels ils ont été en contact?

Les facteurs déterminants de la criminalité sont donc multiples et en même temps *individuels*. Tel enfant sera perdu où un autre sortira sain et sauf. J'en ai vu des exemples et en voici un qui est des plus frappants.

Un jeune garçon de 15 ans fut arrêté il y a quelque temps pour des attentats aux mœurs graves et répétés. Son père, ivrogne invétéré, grossier, immoral, était le digne auteur d'un pareil monstre. La mère était partie pour suivre un amant. Or, il y avait un autre enfant, une fille, âgée de 16 ou 17 ans, qui, dans ce milieu pitoyable, comme Fleur de Marie, des *Mystères de Paris*, écœurée de la vie ignoble de ceux qui l'entouraient, quitta un jour la maison paternelle et se réfugia dans un couvent pour conserver les sentiments honnêtes qui n'avaient point été entamés par les scandales démoralisateurs dont elle avait été le témoin attristé. Ces deux enfants avaient un père et une mère indignes, et cependant un seul avait été victime de l'hérédité, du milieu ou de l'éducation reçue.

Je rechercherai plus loin quel est le degré de responsabilité pénale de l'enfant; je ne pose pour le moment que cette question inquiétante: Pourquoi l'enfant devient-il criminel?

Je ne suis nullement embarrassé pour répondre et pour répudier tout de suite la doctrine qui veut que tout criminel porte en naissant une tare indélébile, qui provoquera plus tard irrévocablement et fatalement l'acte criminel. Évidemment l'hérédité n'est pas sans influence, mais elle ne détermine pas à elle seule, forcément, dans le sens philosophique du mot *déterminer*, l'acte mauvais qu'elle aurait perpétué.

On s'est beaucoup occupé des dégénérés depuis quelques années, et les nombreux travaux scientifiques qui ont été publiés à cet égard sont intéressants à consulter. Mais s'il y a des signes de dégénérescence réels et admis généralement, doit-on, avec certains auteurs, voir des dégénérés un peu partout?

Il paraîtra tout aussi difficile, dans beaucoup de cas, de distinguer les dégénérés des normaux que de dire que tel homme excentrique ou bizarre est ou n'est pas un aliéné. La *norme cérébrale* est bien difficile à définir d'une façon absolue. Tel grand homme que nous admirons avait de tels défauts à côté de merveilleuses

qualités que l'on peut dire facilement qu'il
n'était pas parfait, sans aller jusqu'à dire qu'il
était un insensé.

La perfection morale est tout aussi rare à
rencontrer que la perfection physique. L'idéal
de la beauté peut être reproduit par l'artiste,
qui compose son œuvre avec des modèles différents ou des souvenirs, voire même avec son
imagination; mais encore cet idéal sera-t-il
universellement admiré et paraîtra-t-il le type
parfait? Non, évidemment. Eh bien, il en est
de même pour l'âme. Certain naît avec des
qualités maîtresses, un autre avec des défauts
marqués. Celui-là peut-il développer les premiers assez pour devenir un homme remarquable, il est alors considéré comme un phénix.
L'autre, au contraire, ne peut-il se corriger,
qu'il le veuille ou qu'il ne le veuille pas, sera-
t-il forcément un candidat au crime?

En résumé, rien n'autorise à dire, quoique
l'on ait avancé le contraire, qu'une loi fatale
doive faire admettre que tel homme sera iné-
vitablement un criminel ou un génie. Lombroso
lui-même n'a émis cette doctrine en l'exagérant,
comme le disait l'autre jour son éminent com-
patriote M. Enrico Ferri, que pour la faire admettre en partie et pour porter d'autant plus

l'attention sur sa théorie qu'elle serait plus vivement combattue.

Chez l'enfant, tantôt le corps se développe plus vite que l'intelligence, tantôt ce sont les fonctions psychiques qui retardent. Bien entendu, il y en a qui resteront toute leur vie des arriérés, de même que certains d'entre eux seront arrêtés dans leur croissance physique. Mais il arrive un moment où la notion du bien et du mal, qu'il a apportée en naissant, apparaît et le dirige. Si cette connaissance n'est pas éclairée, elle n'aura point la même intensité, mais à moins que l'enfant ne soit un malade, elle lui fera de bonne heure distinguer le bien du mal.

En général, je prétends que l'enfant devient criminel ou parce qu'il le veut, ou parce qu'il est malade. Dans le premier cas, il faudra rechercher s'il est responsable ou non devant la loi de l'acte voulu. Quand il y aura discernement, il en résultera une responsabilité plus ou moins complète. L'état morbide, au contraire, détruira tout à fait cette responsabilité et il ne sera plus question que de médication et non plus de répression.

TROISIÈME PARTIE

CORRECTION ET PRÉSERVATION

CHAPITRE PREMIER

La correction paternelle.

Le droit de punir est un apanage de la puissance paternelle depuis les temps les plus reculés. A Rome, sous l'empire de la coutume romaine, le *pater familias* pouvait infliger à ses enfants de tous âges : la prison, les verges, les fers, la relégation et même la mort. La loi des XII tables transforma un peu ces droits, en établissant une différence entre les *pubères* et les *impubères*. Plus tard, la législation se modifia et la société intervint de plus en plus dans la répression des méfaits commis par les enfants. Mais le père conserva toujours ses pouvoirs de correction paternelle, qui étaient la conséquence de l'organisation de la famille romaine.

Dans notre ancienne France, le père de famille était aussi très fortement armé contre ses enfants, et ce n'est que peu à peu que la législation intervint pour organiser, à côté de la justice familiale, une répression pénale au profit de la société.

Aujourd'hui les droits de correction paternels sont nettement établis par le Code civil (art. 371 et suiv.).

La loi française, après avoir proclamé que l'enfant, à tout âge, doit honneur et respect à ses père et mère et qu'il reste sous leur autorité jusqu'à sa majorité ou son émancipation, donne au père seul l'exercice de cette autorité pendant le mariage. L'enfant ne peut quitter la maison paternelle sans la permission de son père, si ce n'est pour enrôlement volontaire, après 18 ans révolus.

Passant aux sanctions à établir, le législateur ajoute que le père qui a des sujets de mécontentement très graves sur la conduite d'un enfant, aura les moyens de correction suivants : Si l'enfant est âgé de moins de 16 ans commencés, le père peut le faire détenir pendant un temps qui ne doit pas excéder un mois, et, à cet effet, le président du tribunal d'arrondissement *doit*, sur sa demande, délivrer l'ordre d'arrestation.

A partir de l'âge de 16 ans commencés et jusqu'à la majorité ou l'émancipation, le père *peut* seulement requérir la détention de son enfant pendant six mois au plus. Il doit s'adresser, à cet effet, au Président du tribunal qui, après en avoir conféré avec le Procureur de la République, délivre l'ordre d'arrestation ou le refuse, avec la faculté d'abréger le temps de la détention requis par le père.

Dans l'un et l'autre cas, il n'y a, dit la loi, aucune écriture ni formalité judiciaire, si ce n'est l'ordre même d'arrestation dans lequel les motifs n'en sont pas énoncés. Le père est seulement tenu de souscrire une soumission de payer tous les frais et de fournir les aliments convenables. Le père est toujours maître d'abréger la durée de la détention par lui ordonnée ou requise; mais si, après sa sortie, l'enfant tombe dans de nouveaux écarts, la détention peut être de nouveau ordonnée en remplissant les mêmes formalités.

Le père remarié ne peut jamais faire détenir son enfant du premier lit que par voie de réquisition, quand même l'enfant aurait moins de 15 ans accomplis. La mère survivante et non remariée doit, pour obtenir la détention de son enfant, obtenir le concours des deux plus proches parents paternels et ne peut user égalementment que du droit de réquisition. Enfin, les père et mère naturels qui ont reconnu légalement leur enfant, sont assimilés pour les droits de correction paternelle aux père et mère légitimes.

Ces dispositions légales, qui paraissent sages et prudentes en apparence, sont fort critiquables, et je vais en présenter les principales défectuosités.

Tout d'abord, le père dont l'enfant est âgé de moins de 16 ans commencés, peut obtenir la détention de celui-ci pendant un mois, sans qu'il ait à expliquer autrement les motifs qui lui font réclamer cette mesure. En un mot, le Président du tribunal est, en quelque sorte, à la merci du père de famille, sans pouvoir contrôler les raisons qui ont amené celui-ci à recourir à cette extrémité. Or, le père peut n'avoir aucun motif plausible pour exercer son droit et quelquefois même il peut n'avoir pour but que de se débarrasser momentanément d'un enfant dont la présence le gêne, sans que celui-ci ait commis le moindre manquement à ses devoirs filiaux.

On a vu, en effet, des pères de famille faire entrer dans des maisons de correction, pour un mois, un enfant, tout simplement pour ne pas le nourrir pendant cette période; car s'ils

sont tenus de par la loi de payer les frais de détention, en réalité, à Paris, par exemple, un
simple certificat d'indigence, délivré très facilement, permet d'obtenir la remise de cette
charge pécuniaire.

Quoi qu'il en soit, le père de famille peut,
selon son bon vouloir, faire détenir légalement
son enfant, qui n'a pas 15 ans et qu'il veut
momentanément éloigner de son domicile,
quelquefois dans un but immoral, sans que
l'autorité judiciaire puisse s'y opposer. Ce droit
de correction est, il est vrai, inhérent à sa qualité de père de famille, mais on peut prévoir les
abus qui doivent parfois résulter de cette autorité sans contrôle.

En pratique, à Paris notamment, des renseignements sont pris officieusement sur le père et
sur l'enfant, et quand une supercherie est dé-
voilée, le Président du tribunal fait des remontrances au père et l'engage à ne point persister
dans sa demande. Mais le magistrat ne peut
légalement faire davantage, puisque le père est
investi de par la loi du droit absolu de correction paternelle, tant que l'enfant n'a point commencé sa seizième année.

Et puis, alors même que les griefs du père du
famille seraient fondés, et que celui-ci serait
absolument digne, quels seront les résultats

obtenus par une détention d'un mois au maximum ?

L'enfant, sachant qu'il sera libéré très rapidement, ne conservera de cette peine qu'un grave ressentiment contre celui qui la lui aura infligée et n'en profitera point sérieusement au point de vue d'une amélioration morale. Quand il reviendra chez son père, il aura peut-être perdu toute affection pour ses parents et quelquefois il deviendra pire. Certains même quitteront, comme je l'ai observé, la maison paternelle et deviendront des vagabonds, préférant la rue, où l'on est libre, à la maison où se trouve le justicier dans la personne du chef de famille.

Pour ces deux raisons, les droits concédés au père, quand l'enfant n'a pas 15 ans accomplis, sont à la fois excessifs et insuffisants. J'indiquerai tout à l'heure les correctifs que tous les bons esprits réclament, mais je veux d'abord faire une nouvelle critique relative à la correction paternelle obtenue par voie de réquisition, c'est-à-dire quand l'enfant a commencé sa seizième année.

Là encore la limitation du temps de l'internement est un danger. Du moment où l'autorité judiciaire intervient et peut, avec le Ministère public, être juge de l'opportunité de la mesure réclamée, il n'y a pas lieu de fixer une durée maximum. En effet, ou bien, les faits sont graves, et alors il faut que la correction se prolonge tant que l'amendement ne paraît pas possible; ou bien ils ne méritent point une punition sérieuse. Dans ce dernier cas, il n'est pas à craindre que le magistrat dépasse la mesure; il ne prononcera, en son âme et conscience, que la punition qui sera en rapport avec la faute commise.

Examinons une autre hypothèse. Que se passera-t-il quand le mariage est rompu du vivant des deux conjoints? En cas de divorce, qui conservera le droit de correction paternelle? Sera-ce le père divorcé à qui on a retiré la garde de l'enfant? Sera-ce la mère gardienne, qu'elle soit divorcée ou simplement séparée de corps? Et quand le père est absent, en prison ou interné dans une maison de santé, quelle solution devra-t-on proposer?

En résumé, quand la mère se trouvera avoir la garde de ses enfants, aura-t-elle aussi le droit de correction? La réponse à cette question n'est pas aussi simple qu'elle paraît l'être. Rien ne fait supposer, en effet, qu'il y ait la moindre corrélation entre le droit de correction et le droit de garde.

A un autre point de vue, que doit-on décider vis-à-vis de la mère d'un enfant naturel reconnu,

quand le père a également reconnu l'enfant,
mais ne l'élève pas ou même a disparu complètement?

D'autres hypothèses peuvent encore se pro-
duire qui seraient suivies d'autant de questions
insolubles. Le droit de correction n'étant point
forcément dans la main de celui qui élève l'enfant, faudra-t-il attendre que celui-ci commette
un délit pour employer des mesures coercitives
à son égard?

Les lacunes de la loi sont donc graves et nombreuses, et les situations anormales qu'elle n'a
pas prévues sont justement celles où le droit de
correction serait le plus efficace. En outre,
comme je le disais plus haut, ce qu'il y a de
particulièrement regrettable dans l'état de notre
législation, c'est l'absence de tout contrôle dans
le droit d'incarcération accordé au père de famille.

La correction paternelle n'est point très souvent appliquée, il est vrai, et la plupart du
temps les ordonnances obtenues par le père ne
sont pas exécutées. Néanmoins, il faut remédier aux inconvénients reconnus par tous, afin
de faire de cette mesure répressive un moyen
éducatif et répressif pratique, quand il sera nécessaire d'y recourir. Pour cela, il faut évidemment changer la loi et les réformes présentées

sous forme de vœu, après un remarquable rapport de M. le professeur Berthélemy, il y a quelques mois, par le Comité de défense des enfants traduits en justice de Paris, me paraissent donner satisfaction à tous les désirs antérieurement exprimés.

Tout d'abord, le droit de correction serait la sanction et le privilège exclusif du droit de garde. Il appartiendrait seulement à la personne ayant légalement la garde de l'enfant, qu'elle soit ou non investie de la puissance paternelle ; de sorte que les père et mère, tant légitimes que naturels, ayant reconnu l'enfant, les tuteurs ou tutrices, avec l'approbation du conseil de famille, les administrations publiques ou privées ayant reçu de la loi le droit de garde sur leurs pupilles, seraient autorisés à faire interner l'enfant contre lequel ils auraient de graves motifs de mécontentement.

L'internement aurait lieu, au choix du requérant, dans l'un quelconque des établissements dûment autorisés par décret ; mais s'il s'exécutait dans la maison d'éducation correctionnelle, ce serait dans des quartiers distincts, avec emploi possible du régime cellulaire.

Les frais de détention resteraient en principe à la charge des requérants et seraient, comme par le passé, exigibles d'avance, mais en cas d'indigence, remise de ces frais serait accordée et la dépense resterait à la charge du Département; c'est en effet le Département qui doit pourvoir aux dépenses de l'Assistance publique.

La réforme la plus importante serait de rendre illimitée la durée de l'internement; mais le Président pourrait fixer un *minimum* de façon que le père, ou tout autre ayant droit, ne puisse, pendant le temps fixé, retirer l'enfant, comme aujourd'hui, selon son bon plaisir dès le lendemain même de l'incarcération.

Enfin, quel que soit l'âge de l'enfant, le Président n'ordonnerait l'internement qu'après une enquête sérieuse, mais discrète, sur l'honorabilité du requérant et sur la conduite de l'enfant; le ministère public serait consulté dans tous les cas.

De l'ensemble de ces réformes, naîtrait, j'en suis convaincu, une ère nouvelle de préservation. Il vaut mieux, en effet, punir préventivement un enfant, qui n'a donné lieu qu'à des motifs de mécontentement graves, que d'attendre qu'il devienne un contrevenant à la loi pénale.

La correction paternelle, bien comprise et bien appliquée, donnerait de bons résultats; mais, il faut bien le dire c'est une nécessité à laquelle, selon moi, il ne faudra recourir que lorsque tous les moyens jusqu'alors employés pour amender et corriger l'enfant seront restés vains.

Sans recourir à la correction paternelle, comment les parents doivent-ils corriger leurs enfants et quelles sont les punitions qui peuvent être à leur disposition?

Tout d'abord, il faut que la faute mérite réellement un châtiment et que celui-ci soit en rapport avec l'infraction commise. Il est souvent bien difficile, pour les parents, de proportionner équitablement la punition au manquement constaté. Tantôt les parents se montrent trop faibles, tantôt trop sévères, selon que leur tempérament ou leur éducation personnelle les portent à absoudre trop facilement ou à sévir à la moindre incartade. Ils doivent surtout éviter des excès de sévérité pour certains faits peu blâmables en eux-mêmes. Il leur faut aussi se mettre en garde contre les sentiments injustes qu'ils ont pour certains de leurs enfants et qu'ils transforment parfois en une aversion marquée.

Les corrections manuelles pour ces derniers dépassent alors la juste mesure, et chaque jour, sur la plainte des enfants ou des voisins compatissants, on traduit devant la justice des parents qui ne maltraitent pas leurs enfants au sens légal du mot, mais qui ont été vis-à-vis d'eux d'une sévérité par trop brutale.

Pour combattre les mauvais traitements envers les enfants, la loi du 19 avril 1898 a été une mesure législative très heureuse. Cette réforme était attendue par tous ceux qui ont à cœur la protection de l'Enfance, mais il ne faut pas abuser même des meilleures choses. Souvent, sous l'empire de la vengeance, une lettre anonyme dénonce des père et mère dénaturés qui martyrisent leurs enfants. Or il arrive quelquefois que l'accusation est vaine ou que l'on se trouve seulement en présence de parents doués d'une nature violente qui, dans un moment de colère, ont réprimé d'une façon un peu trop brutale l'incartade de leurs enfants sans cependant tomber sous le coup de la loi.

J'ai instruit pour ma part un très grand nombre de ces affaires de mauvais traitements envers les enfants, et j'ai puisé dans cette pratique un enseignement précieux. Quand il y a des faits réellement délictueux, les sévérités pénales ont raison de ces parents dénaturés. Si, au contraire, les corrections excessives ne peuvent donner lieu à des poursuites, la comparution en justice de ces parents qui ont oublié un moment leurs devoirs, et qui au fond affectionnent leurs enfants à leur manière, est un avertissement salutaire pour l'avenir. Presque toujours, en effet, d'après les renseignements que j'ai fait recueillir ultérieurement, j'ai pu constater que soit par crainte, soit par résipiscence, les parents avaient changé de manière de faire et s'étaient montrés plus doux et moins emportés dans leurs procédés de correction.

Cette loi bienfaisante, d'un caractère très populaire, est ainsi devenue en même temps une arme terrible contre les bourreaux d'enfants et une épée de Damoclès pour les parents enclins à dépasser leurs droits de correction en frappant trop fortement leurs enfants sous le moindre prétexte.

Je pourrais m'étendre plus longuement sur cette question, mais je n'arriverais pas à poser des règles certaines. Les devoirs et les droits respectifs des parents et des enfants ne peuvent être, en effet, absolument identiques quand la situation sociale, le milieu et surtout l'éducation ne sont pas les mêmes.

Il me reste à rechercher dans quels cas le père de famille ou la personne qui aura la garde de l'enfant devra recourir à la correction paternelle lorsque les réprimandes ou les autres punitions familiales n'auront pas amené un amendement suffisant.

La loi actuelle dit que le père pourra demander la mise en correction de l'enfant contre
lequel il a des sujets de mécontentement très
graves. Ce sera donc au Président du tribunal
à apprécier non seulement l'importance des
griefs articulés, mais aussi de s'assurer de leur
existence. Il y aura donc lieu, sous l'empire
de la réforme, de procéder à une sorte d'information préalable sans cependant aller jusqu'à
entendre des témoins et surtout d'opposer les
déclarations de l'enfant à celles du père au
moyen d'une confrontation. Le Président pourra
cependant, s'il le juge utile, entendre l'enfant,
recevoir ses explications, et faire contrôler
celles qui lui paraîtront de nature à éclairer sa
religion, mais il devra agir avec la plus grande
circonspection.

Qu'on n'oublie pas, en effet, que le véritable
justicier est le père, et que celui-ci n'emprunte
l'autorité judiciaire du Président que pour donner l'*exequatur* à la sentence qu'il a en quelque
sorte déjà prononcée comme chef de la famille.
Or, tant qu'une cause d'indignité prévue par
la loi ne lui a point enlevé ce droit de justicier,
il le conserve intact, et s'il recourt à la correction paternelle c'est qu'il a pesé le pour et le
contre de sa décision avant de la prendre. Mais
le Président aura le devoir, après une enquête

discrète, de refuser au père de famille de rendre une ordonnance de correction paternelle si le fait incriminé ou la conduite de l'enfant ne lui paraissent pas mériter une semblable punition et aussi s'il apparaît la moindre supercherie de la part du requérant.

Ceci dit, voyons quelles sont les raisons légitimes qui peuvent amener le père de famille à demander la mise en correction de son fils rebelle à tout autre moyen de correction.

Presque toujours le fait invoqué sera d'un ordre intime et n'aura point dépassé le seuil du foyer familial. Tantôt ce seront des larcins, des vols même importants, commis par l'enfant au préjudice des parents. En ce cas, la loi prononçant l'absolution complète du délinquant, il faut bien recourir à un châtiment exemplaire, ne serait-ce que pour montrer aux frères et sœurs ou même à l'enfant coupable que l'acte commis est de ceux qui méritent une punition sévère. Nul doute, en ce cas, que le Président n'accorde la correction demandée.

Si les faits d'improbité ont été accomplis par l'enfant, non plus au préjudice des parents, mais vis-à-vis de collatéraux, d'amis, voire même du patron, ils constituent alors un délit de droit commun. Mais si les victimes, en considération de la famille du coupable, se refusent à porter plainte, le père devra-t-il laisser sans répression des actes qui, s'ils restent impunis, pourront se reproduire? Non, évidemment, et son devoir est de recourir à la correction paternelle en faisant connaître au Président les charges invoquées; il obtiendra certainement la mise en correction. Il serait odieux, en effet, d'obliger le père à dénoncer son fils aux autorités judiciaires pour des faits qui n'ont fait l'objet d'aucune plainte de la part de ceux qui en ont été les victimes.

Et puis, il peut y avoir des actes d'improbité qui méritent la correction paternelle et qui ne permettraient pas aux tribunaux répressifs de prononcer l'envoi dans une maison de correction.

D'autres fois, le père de famille demandera la correction paternelle pour des faits d'immoralité d'un ordre intime; et bien des exemples que je pourrais citer m'ont démontré qu'il n'y avait que ce moyen pour punir certains faits qui, sans tomber sous le coup de la loi, ont besoin d'être réprimés. Dans les promiscuités navrantes de certaines familles nombreuses, il se passe souvent des choses bien immorales; faudrait-il, quand le père de famille en demande la répression, la lui refuser? Non, évidemment, et ici encore le Président aura à jouer un rôle arbitral d'une grande importance.

Lorsque l'enfant fuit à chaque instant le domicile paternel, sans être, en réalité, en état de vagabondage complet, la correction paternelle sera aussi une salutaire leçon. Dans bien des cas, des pères désespérés de voir leurs enfants découcher et manquer l'école ou l'atelier sous le moindre prétexte, ont pu ainsi obtenir l'amendement de celui-ci, quand le *mal vagabond* n'était pas trop enraciné.

Mais où la correction paternelle a des effets plus immédiats et plus nécessaires, c'est quand les filles se laissent entraîner à l'inconduite et qu'elles fuient la maison paternelle pour se livrer à la débauche. Celles que l'on arrête dans la rue, faisant de la prostitution un métier, ne se livrant à aucun travail et ayant déjà quitté le foyer familial depuis plusieurs semaines, peuvent bien être considérées comme vagabondes, et l'administration de la police les traduit devant l'autorité judiciaire quand elles n'ont point encore 16 ans.

Mais les autres, celles qui ne se livrent point à là prostitution sur la voie publique, et surtout celles qui ont plus de 16 ans et qui ne sont pas encore majeures, pourront-elles déserter la maison paternelle ou l'atelier, se livrer à l'inconduite ou vivre en concubinage, sans que les parents puissent intervenir pour imposer leur *veto*?

Le père de famille a, dans ce cas, non seulement le droit mais aussi le devoir de requérir la mise en correction de sa fille quand il a déjà employé tous les moyens pour l'empêcher de se livrer à la débauche.

Mieux vaut d'ailleurs, quand il s'agit d'une fille mineure âgée de moins de 16 ans, essayer d'abord de la correction paternelle avant de recourir à la mise en correction judiciaire, mais à la condition que la durée de l'internement ne soit plus limitée. Cette délimitation de l'incarcération ne saurait, en effet, amener aucune impression salutaire, et par suite un amendement sérieux.

On pourait encore prévoir d'autres cas devant motiver la correction paternelle. Les violences envers les parents qui ne pourraient constituer le crime prévu par la loi [1], les menaces, les injures graves qui leur auraient été adressées, seraient autant de causes qui devraient autoriser le père à requérir contre l'enfant, qui se rend coupable de tels excès, l'internement pendant un temps plus ou moins prolongé.

En définitive, la correction paternelle est

1. Art. 312 du Code pénal.

une arme utile pour réprimer les fautes graves,
mais qui s'émousserait vite si on en faisait un
usage abusif. Elle sera, pour l'enfant qui l'a
véritablement méritée, une punition salutaire,
surtout si elle est administrée dans les conditions que prévoient les réformes dont je viens
de parler. Mais si elle est injustement ou inu-
tilement appliquée, elle sera plutôt une cause
de révolte qui amènera tôt ou tard une récidive
plus grave et des conséquences fâcheuses.

La puissance paternelle est la sauvegarde de
l'organisation de la famille ; elle est, par suite,
une force sociale indispensable. Il est donc nécessaire de la protéger efficacement toutes les
fois qu'elle est véritablement en péril. Le respect de l'autorité paternelle prépare naturellement à l'observance des lois, de même que
la piété filiale est un acheminement régulier
vers l'amour de la patrie, la grande famille qui
réunit toutes les autres.

CHAPITRE II

Les enfants traduits en justice. — La responsabilité pénale de l'enfant. — Le rôle de la famille et des patronages dans la préservation.

Lorsque l'enfant a commis plus qu'un manquement à ses devoirs familiaux et qu'il a contrevenu à la loi pénale, l'autorité paternelle disparaît pour faire place à la justice répressive.

La loi a énuméré et décrit soigneusement, dans le Code pénal et dans des lois spéciales, les contraventions, les délits et les crimes, et elle a attaché à chaque méfait une peine spéciale. En même temps, elle a prévu des causes d'excuse et d'absolution s'appliquant à des cas déterminés ; elle a en outre proclamé l'égalité absolue entre tous ceux qui commettent vis-à-vis d'elle une violation constatée. Mais pour être puni il faut avoir volontairement contrevenu à la loi que personne n'est censé ignorer.

En un mot, l'intention mauvaise et frauduleuse doit exister, dans l'acte commis, à moins qu'il ne s'agisse que d'une simple contravention, pour que son auteur en soit déclaré coupable et responsable pénalement. Le fait matériel doit donc être précédé et accompagné d'une intention certaine, de même que l'intention ne constituerait pas à elle seule une faute pénale si l'acte n'a point réellement existé.

Ces grands principes de la responsabilité pénale sont trop connus pour qu'il soit besoin de les développer et de les préciser au moyen d'exemples ou d'hypothèses appropriées.

Du moment où l'intention mauvaise est nécessaire pour que la culpabilité de l'acte commis soit existante, il s'agit de savoir quels sont ceux qui sont responsables de leurs méfaits devant la loi et quels sont ceux qui ne doivent à la justice aucun compte de leurs actes délictueux.

Pour certains individus privés de raison, tels que les idiots de naissance ou ceux qui sont devenus déments dans le courant de la vie, il est incontestable qu'ils ne doivent point être considérés comme des contrevenants à la loi et qu'ils échappent forcément à toutes les sévérités des prescriptions pénales.

S'ils sont simplement des demi-conscients,

la justice devra-t-elle les frapper ou faudra-t-il les absoudre ?

Si la raison l'emporte sur la démence, la loi reprend ses droits en mitigeant cependant sa sévérité ; si la folie est plus forte, le traitement médical doit l'emporter sur la répression pénale, c'est du moins ce que la pratique de la jurisprudence a établi. Il sera souvent bien difficile de trancher la question ; mais enfin, quand l'homme de science a conclu à une responsabilité amoindrie mais existante, le juge ne peut que suivre cette indication et prononcer en son âme et conscience la sentence qu'il croira équitable.

Si nous quittons maintenant le domaine de la maladie pour revenir à l'homme sain d'esprit, il faut poser tout de suite la question si inquiétante : A quel âge doit commencer la responsabilité pénale ?

Notre loi fixe à 16 ans l'âge à partir duquel la responsabilité absolue est présumée, et ne marque aucun âge au-dessous duquel elle ne peut demander le moindre compte des méfaits commis.

Cette division arbitraire de la vie humaine en deux parties, au point de vue pénal, est tout à fait regrettable. Mais avant d'exposer la critique de la loi à cet égard, je tiens à préciser nettement ce qu'il faut entendre par le mot *discernement* qui est seul prononcé par le Code pénal[1].

Le discernement suppose chez l'enfant la connaissance de la quantité de mal et de nuisance que son action mauvaise, et sue par lui mauvaise, allait causer[2]. Le discernement ne doit donc point être confondu avec la conscience. L'enfant pourra bien savoir qu'il agit mal, mais il y aura souvent disproportion entre le motif qui le détermine et l'effet qui le suit.

En supposant que l'enfant est normal, c'est-à-dire que son intelligence et ses autres facultés maîtresses sont suffisantes, à quel âge pourra-t-il être considéré comme ayant discerné l'acte qu'il a commis, de façon à être traité comme un adulte sain d'esprit ? Notre loi fixe uniformément cet âge à 16 ans, sans même diviser cette première période de la vie.

En prenant la loi à la lettre, sans parler de l'enfant qui ne marche pas encore, celui de 4 ou 5 ans sera-t-il responsable, devant la loi pénale, de l'incendie qu'il allumera en jouant avec des allumettes, malgré, cependant, la recommandation bien nette de ceux qui le surveillent ? Faudra-t-il dire qu'il a agi sans dis-

1. Art. 66 et 67.
2. M. PUIBARAUD, *la Responsabilité des enfants.*

cernement pour ne point lui infliger la seule mesure répressive écrite de la loi, quand la remise aux parents n'est pas ordonnée, c'est-à-dire l'envoi dans une maison de correction ? Il serait absurde de raisonner ainsi, et la loi n'a point voulu évidemment que des enfants en bas âge soient l'objet de poursuites judiciaires.

Il y avait eu cependant des abus puisque des circulaires ministérielles ont recommandé, dès l'année 1855, de s'abstenir, à moins de circonstances exceptionnelles, de poursuivre les enfants au-dessous de 7 à 8 ans.

Il eût été, selon moi, bien préférable de partager la jeunesse en deux ou trois périodes pour lesquelles des règles spéciales auraient été posées, afin de guider le magistrat chargé d'appliquer la loi. Je ne rechercherai pas quels sont les âges fixés par les autres législations, parce que chaque race a un développement physique et intellectuel différent : les peuples du Nord ne pouvant, à cet égard, avoir les mêmes règlements que ceux du Midi.

Aussi, puisqu'il faut fixer arbitrairement des périodes réparties entre plusieurs âges, après avoir tenu compte de toutes les considérations relatives au développement physique et moral des enfants de notre temps, voici le système qui me paraît être le plus rationnel.

Au-dessous de l'âge de 7 ans, les enfants ne seront jamais poursuivis, ils seront seulement l'objet d'admonestations et seront constamment rendus aux parents, sans aucune comparution en justice. Souvent, d'ailleurs, avant cet âge, les enfants sont plutôt victimes de la mauvaise éducation reçue ou du défaut de surveillance des parents.

Jusqu'à l'âge de 12 ans, l'enfant sera toujours considéré comme ayant agi sans discernement; de 12 ans à 16 ans, le juge devra rechercher s'il y a discernement ou non; enfin, de 16 à 18 ans, la question de discernement pourra se poser, sauf à considérer comme un adulte et, par conséquent, comme pleinement responsable de ses actes, celui qui aura été déclaré avoir agi avec discernement.

Je reviendrai sur cette question du discernement quand j'examinerai les réformes à opérer dans notre loi pénale; j'ai voulu simplement, quant à présent, montrer que la question du discernement pour les enfants, tel que le conçoit le Code pénal, devrait faire l'objet d'une distinction et non point être établie par une règle fixe et irrévocable.

L'âge de 16 ans, adopté par notre Code comme limite au discernement pénal, ne se conçoit pas plus que celui de 15 ou de 17 ans.

On a pris, arbitrairement, l'âge de 16 ans sans se préoccuper de savoir s'il y avait une relation sérieuse entre cet âge et certaines capacités accordées par la loi pendant la minorité.

Avant l'âge de 15 ans, en effet, aucune capacité juridique n'appartient à l'enfant. A 15 ans, il est vrai, la fille peut se marier, mais l'homme doit attendre la dix-huitième année. Le mineur peut bien aussi, dans certaines conditions, faire son testament à 16 ans, mais encore ne peut-il léguer qu'une partie de ses biens. A part cette faculté de tester, je ne vois point d'autres avantages qui lui soient accordés pendant sa minorité.

Quand il a 18 ans, il peut, au contraire, se marier, contracter un engagement militaire, être émancipé, devenir commerçant, etc. En un mot, il devient capable d'accomplir certains actes importants de la vie, tandis qu'à 16 ans la loi ne lui concède aucun droit appréciable. Pourquoi donc ne point reporter à 18 ans l'extrême limite de la majorité pénale?

Mais, quand les juges auront apprécié que celui qui aura 16 ans passés, mais pas encore 18, aura agi avec discernement, il sera puni comme un adulte.

En résumé, en divisant la jeunesse en trois périodes, la première au-dessous de 12 ans, pendant laquelle le discernement n'est jamais supposé exister ; la seconde de 12 à 16 ans, où la question se posera toujours de savoir s'il y a eu ou non discernement ; enfin la troisième, de 16 à 18 ans, où le juge aura la possibilité de poser la question du discernement sans qu'elle soit obligatoire, on serait, je crois, plus dans la vérité.

Sauf à revenir sur la question du discernement, à la fin de cette étude, j'aborde tout de suite l'examen des moyens de préservation à employer vis-à-vis des mineurs traduits en justice.

Jusqu'ici, je me suis occupé plus spécialement des enfants qui n'avaient commis aucune contravention à la loi pénale ; je vais maintenant exposer les éléments possibles de préservation pour ceux qui ont commis des actes dont ils doivent compte à la justice.

Tout d'abord, il est indispensable d'indiquer comment l'enfant est traduit en justice, et ensuite d'établir une distinction entre ceux qui sont déférés à la juridiction répressive et ceux qui sont l'objet d'une ordonnance de non-lieu de la part du juge d'instruction et qui sont relaxés avant toute poursuite.

Quand un enfant a commis un délit, il est tantôt arrêté et soumis à la détention préven-

tive, tantôt laissé provisoirement à sa famille.
Beaucoup de jeunes délinquants sont remis à
leurs parents tout de suite par la police ou la
gendarmerie, après une simple admonestation
et, souvent même, aucun procès-verbal n'est
dressé, soit que le fait commis ne soit pas
assez grave, soit que l'âge trop peu avancé de
l'enfant ne permette pas qu'une suite quelconque
soit donnée.

Lorsque l'arrestation est maintenue, à Paris,
le jeune délinquant est amené au Dépôt de la
Préfecture de Police, directement, sans être
conduit par la voiture cellulaire commune. Il
comparaît d'abord devant le substitut du petit
Parquet ; celui-ci le remet de suite aux parents
après avoir classé l'affaire ou requiert une
information.

Dès que le juge d'instruction est saisi, il
interroge l'enfant sur son état civil, le domicile
et la profession de ses parents, lui demande
tous renseignements utiles et lui fait connaître
les faits qui lui sont reprochés. Une demande
d'avocat d'office est adressée, dès la première
heure, au Bâtonnier de l'Ordre ; le casier
judiciaire, l'acte de naissance de l'enfant, afin
de préciser sa filiation, sont demandés, et une
commission rogatoire, avec un questionnaire
très détaillé, est adressée au commissaire de

police du quartier et aux parquets de province pour rechercher si la cause de l'inconduite ne résulte pas de la mauvaise éducation reçue, de l'indifférence ou du défaut de surveillance des parents, soit encore des mauvaises fréquentations.

Une fois ces formalités remplies et l'interrogatoire de l'enfant terminé, se pose un grave problème. Le juge d'instruction, qui a pu prendre des renseignements immédiats sur la famille de l'enfant et sur ce dernier, grâce à un service d'information spécialement organisé à cet égard par la Préfecture de Police, doit-il garder en état de détention préventive le jeune délinquant?

Si le doute n'est pas possible, soit que l'on se trouve en présence d'un méfait grave ou d'une récidive, l'enfant est gardé en prison et soumis au régime cellulaire absolu. Mais si la détention préventive paraît inutile, ou bien les parents offrent des garanties suffisantes et reprendront leur enfant, ou bien la famille qui veut réclamer le délinquant n'est pas bien notée; en ce cas, le juge d'instruction enverra l'inculpé, en état de liberté provisoire, à l'Asile temporaire créé en 1892 par le Conseil général de la Seine, à l'hospice des Enfants assistés, pour le soumettre à un régime d'observation.

Après quelques semaines de séjour une nouvelle enquête est faite par les visiteurs spéciaux de l'Assistance publique, et selon que les notes fournies sur l'enfant seront bonnes ou mauvaises, il sera, ou remis à ses parents, ou absorbé, du consentement de ces derniers, comme moralement abandonné, par l'Assistance publique, et alors un non-lieu terminera l'affaire; ou bien encore il sera ramené devant le magistrat instructeur qui le déférera à la justice répressive, après l'avoir renvoyé en prison.

J'examinerai plus loin ce que deviennent les enfants qui sont renvoyés devant le tribunal correctionnel, je ne m'occupe pour le moment que de ceux qui ne sont pas poursuivis, et ce sont les plus nombreux.

A Paris, pendant les douze dernières années, sur 21 657 mineurs de 16 ans arrêtés, 5 916 seulement ont été déférés au tribunal correctionnel; que sont devenus les 16 741 enfants qui n'ont point été jugés? Ils ont été rendus à leurs parents ou recueillis par l'Assistance publique et les patronages. L'Assistance publique en absorbant en moyenne 150 par an, et les patronages encore beaucoup moins, ces enfants sont donc retournés presque tous dans leurs familles; mais que sont-ils devenus?

Quelques-uns sont revenus après avoir commis de nouveaux méfaits, et ont fini par être envoyés en correction ; les autres se sont amendés, mais on n'a sur eux aucun renseignement précis, ce qui d'ailleurs est fort regrettable.

Il faudrait que les enfants remis aux parents fussent l'objet d'une surveillance plus efficace, et pour cela la sollicitude et le dévouement de patronages sérieux de préservation seraient des éléments indispensables de réussite. La famille, en effet, qui a combattu seule les mauvais instincts de l'enfant délinquant et qui a été impuissante à le corriger, aurait besoin d'être secondée encore plus sérieusement quand elle entreprend une nouvelle lutte. Or, quand l'ordonnance de non-lieu a coupé complètement le lien qui retenait l'enfant à l'autorité judiciaire, il faut qu'un nouveau délit soit commis pour que celle-ci s'occupe de lui !

Aussi que se passe-t-il dans la pratique ? L'enfant, fort de l'impunité, retombe dans ses errements et continue à vagabonder et à voler, lorsque la leçon reçue n'a pas laissé une impression durable. Il arrivera bien souvent, lorsque la faute commise n'a été que le résultat d'un entraînement passager ou d'une occasion fortuite, qu'elle ne sera point suivie d'une rechute. Mais combien de fois en sera-t-il autrement? Et cependant la véritable préservation réside dans la vie de famille, pourvu que celle-ci cependant soit suffisamment organisée.

Les enfants élevés dans des familles aisées, pourvu que les sentiments d'affection et les principes moraux soient restés entiers, sont moins facilement atteints, sauf des exceptions très rares, par la contagion de la rue, parce que le foyer est un rempart naturel, contre lequel toutes les mauvaises tentations viennent se briser sans le franchir. Et puis, les parents qui ont des ressources suffisantes peuvent se faire aider par des éléments étrangers bien choisis, dans leur œuvre d'éducation intellectuelle et morale de leurs enfants.

Pour les travailleurs, au contraire, surtout pour ceux que le labeur tient éloignés tout le jour de la maison et qui n'y reviennent le soir que pour y goûter un repos bien gagné, il faut qu'ils trouvent, eux aussi, des collaborateurs dans la tâche éducatrice qui leur incombe.

Je ne parle pas des milieux malsains où les enfants sont contaminés par ceux-là mêmes qui devraient les diriger dans la bonne voie ; leur rendre, après une faute commise, l'enfant que l'on veut préserver pour l'avenir, serait un encouragement certain à la récidive.

Mais à côté de ces familles indignes, heureusement assez restreintes, il y en a d'autres qui vivent normalement, paisiblement, et qui luttent courageusement pour le bien commun, se sacrifiant jusqu'au dévouement pour leurs enfants, qu'ils affectionnent d'autant plus qu'ils ont plus de difficultés à vaincre.

La vie fastueuse et large peut donner des satisfactions, mais elle n'est point toujours l'apanage du bonheur. La vie populaire est une chose bonne et simple, que l'on ne connaît pas. On devrait y pénétrer davantage à cause du bien qui est en elle et des maux dont elle souffre. On n'y trouve ni le loisir, ni la culture intellectuelle nécessaires pour se renseigner suffisamment dans le domaine des idées et des théories. Le souci du pain, les dures exigences du travail l'arrachent constamment à elle-même et ne lui permettent pas de s'écouter et de se connaître. L'analyse des idées et des impressions lui est inconnue. Parents et enfants vivent dans un cercle de connaissances très restreintes. L'éducation morale va de pair avec le développement intellectuel. En résumé, on y est *simpliste*.

Aussi les moyens employés pour corriger l'enfant, conseils, réprimandes, punitions plus ou moins sévères, se retrouveront les mêmes dans les familles populaires, quand un des enfants vient à commettre un délit et qu'il y revient après avoir été relâché par la justice avant toute comparution devant le tribunal répressif.

Beaucoup de parents reprennent, sur le conseil du magistrat et souvent un peu contraints, l'enfant qu'ils auraient voulu voir placer dans un établissement de préservation. L'Assistance publique les effraye toujours à cause du renoncement presque complet qu'elle impose aux droits paternels. Donc, quand le renvoi devant le tribunal est impossible ou simplement inutile, le retour dans la famille est inévitable.

J'ai vu, dans ce cas-là, des parents restés foncièrement honnêtes et qui avaient conservé leur affection, malgré tout, à l'enfant coupable, se demander comment ils pourraient le corriger, rejetant bien loin l'idée d'un abandon, mais résolus néanmoins à n'entreprendre cette œuvre qu'en se sentant soutenus par une force étrangère.

Cette aide, cette alliance, cet altruisme si nécessaire, les patronages de préservation, les individualités charitables seuls peuvent le leur procurer. Quelquefois, une séparation momentanée sera nécessaire. Le simple envoi de l'enfant, pendant quelques mois, chez des parents de province, rompra quelquefois le charme et fera oublier, si l'exil est suffisamment prolongé, les tentations séductrices de la rue. J'ai pu opérer quelques sauvetages avec succès à l'aide de ce moyen.

Tantôt, quelques mois passés dans une œuvre moralisatrice, celle d'Auteuil, par exemple, un simple changement de quartier, de maison même, ont suffi pour détruire les fréquentations malsaines; les sages conseils et les bons offices aidant, tout rentrait dans l'ordre.

Mais, pour opérer ces sauvetages, il faut se mettre directement en relation avec la famille et surtout avec les patronages établis dans chaque quartier. Tous les éléments charitables locaux sont autant de forces à utiliser.

En haut, et pour donner l'action, un comité central de préservation ayant son siège au Palais de Justice même, rechercherait au moment de la mise en liberté les moyens à employer pour éviter une rechute. Chaque quartier serait attribué à un ou plusieurs membres de ce comité et serait placé sous leur surveillance immédiate. On suivrait le mineur et on l'aiderait de conseils et d'appuis jusqu'au jour où il aurait franchi tout à fait la passe dangereuse dans laquelle il s'était engagé. Et encore il resterait le protégé du comité tant qu'il aurait besoin de son secours.

Le Comité des Enfants traduits en justice, fondé en 1890 au Palais de Justice, et composé de magistrats, d'avocats, de fonctionnaires administratifs, de représentants de patronages, me paraîtrait, dans le but que j'indique, avoir toute l'autorité nécessaire, s'il était autrement organisé. Déjà, dans les grandes villes de France et de l'étranger, les comités de défense ont pris la tête de ce mouvement de patronage effectif, et le succès a récompensé leurs généreux efforts.

Quand les réformes depuis si longtemps sollicitées seront obtenues législativement, leur mise en pratique devra être dirigée par tous ceux qui ont lutté avec force pour les conquérir, et en employant le concours de tous les dévouements actifs et généreux, sinon elles seront moins efficaces et ressembleront aux armes perfectionnées maniées par des mains inexpérimentées.

L'Union des patronages a réalisé en partie le vœu que j'émets, mais il n'a point l'objet que je propose. Ce qui est désirable, en effet, ce n'est pas seulement de créer un faisceau de toutes les institutions charitables, mais encore d'employer, pour préserver l'enfant qui a déjà été traduit en justice et qui est retourné dans la famille, tous les éléments fournis par ces sociétés, afin d'aider parents, patrons et maîtres dans leur tâche de reclassement complet de celui qui leur est rendu. Il suffirait, j'en suis sûr, d'un appel vibrant pour grouper dans notre Palais de Justice une véritable armée de ces volontaires du bien[1].

1. Le Patronage Familial destiné à la protection, dans la famille, de l'enfance en danger moral, vient de se fonder dans ce but. Dans la première réunion tenue le 2 février sous la présidence de M. Petit, conseiller doyen à la Cour de cassation, les premières bases de l'association ont été jetées. La formation sera bientôt complète; son but est d'aider les familles honorables dans leur tâche de reclassement de l'enfant indiscipliné au premier appel qu'elles adresseront aux divers chefs de section chargés de quartiers respectifs.

CHAPITRE III

L'éducation correctionnelle. — Les maisons de correction actuelles.

L'autorité judiciaire, toujours clémente vis-à-vis de l'enfant qui a commis une première faute, quand celle-ci toutefois n'a point une gravité exceptionnelle, se montre plus rigoureuse en cas de récidive, et la juridiction répressive prend des mesures plus sévères quand elle le juge indispensable.

Après une instruction complète tendant, non seulement à établir la matérialité des faits, mais aussi à se renseigner sur l'enfant et sur la famille, le magistrat instructeur renvoie, d'accord avec le ministère public, le jeune délinquant devant le tribunal correctionnel, que l'enfant soit détenu ou non.

Lors de sa comparution, il peut être l'objet de trois mesures bien distinctes : ou bien il sera acquitté comme ayant agi *sans discerne-*

ment et selon les circonstances, dit la loi, rendu à sa famille ou conduit dans une maison de correction pour y être élevé et détenu pendant tel nombre d'années que le jugement déterminera et qui toutefois ne pourra excéder l'époque où il aura accompli sa vingtième année[1]; ou bien, s'il est décidé qu'il a agi *avec discernement*, il sera condamné à des peines qui subissent des atténuations importantes[2].

En un mot, s'il y a discernement, le mineur est condamné comme l'adulte; l'absence de discernement, au contraire, rend obligatoire son acquittement, mais le tribunal, en ce cas, a l'option ou de le remettre à sa famille ou de le soumettre à l'éducation correctionnelle pendant un temps plus ou moins long.

Beaucoup de bons esprits, criminalistes ou philosophes, voudraient voir disparaître de la loi cette distinction entre les mineurs qui ont agi avec ou sans discernement. Il serait tout au moins préférable, comme je l'ai déjà dit, de fixer un âge où il n'y aurait jamais à s'occuper du discernement et où les moyens de préservation seraient seuls employés.

En partant de ce principe que la peine est un acte de défense sociale et qu'elle ne moralise

1. Art. 66 du Code pénal.
2. Art. 67 du Code pénal.

pas celui qui la subit, il serait plus logique de ne frapper que ceux qui sont un danger véritable et de préserver et améliorer les autres, les enfants en première ligne.

On s'est même demandé s'il ne fallait pas trouver des *équivalents* et des *substituts* à la peine. Cette théorie, plutôt philosophique, qui peut être un peu excessive en ce qui concerne l'adulte, doit être acceptée complètement vis-à-vis des mineurs[1].

Dans la pratique, à Paris, à part de très nombreuses exceptions depuis dix ans, le tribunal ne déclare presque jamais qu'il y a discernement et, par suite, ne prononce point de peines, dans le sens propre du mot, contre les mineurs de 16 ans qui lui sont déférés.

Pendant ces douze dernières années, sur 5816 mineurs de 16 ans traduits en justice, 2127 ont été rendus à leurs parents. 2818 ont été soumis à l'éducation correctionnelle, la plupart jusqu'à 20 ans; 871 seulement, et c'est trop, ont été condamnés comme ayant agi avec discernement, avec ou sans l'application de la loi de sursis.

Les condamnations prononcées contre les

---

1. La responsabilité et les équivalents de la peine, par GASTON RICHARD dans la *Revue philosophique* du mois de novembre 1899.

mineurs, que l'on déclare avoir agi avec discernement, sont mauvaises à tous les points de vue, alors même que la loi de sursis viendrait leur faire crédit de l'exécution de la peine. La sentence qui prononce sur la responsabilité pénale, en déclarant qu'il y a discernement, est elle-même sujette à critique.

Comment en effet des juges qui voient devant eux, pendant quelques instants, un enfant, qui se trouve dans des conditions psychiques tout à fait anormales et momentanées, peuvent-ils scruter suffisamment la conscience de ce délinquant pour déclarer qu'il a agi avec ou sans discernement?

Aussi, le plus souvent, ils n'examinent même point ce problème psychologique, et, comme leur but à atteindre est de prononcer une peine en rapport avec le tarif pénal, ils préfèrent déclarer qu'il y a discernement pour ne point prononcer l'envoi en correction qui, à leurs yeux, serait une répression trop grande.

Nous verrons tout à l'heure ce que sont en réalité les maisons de correction; qu'il me suffise d'indiquer, quant à présent, cette fâcheuse tendance qu'ont les juges correctionnels de prononcer de courtes peines dans l'intérêt même des mineurs; ils ne font qu'éviter un mal pour un pire.

Mieux vaudrait la remise aux parents tout de suite, que de la faire précéder d'une condamnation indélébile qui frappera pendant toute sa vie celui qui en est l'objet. Et puis, je le répète, comment résoudre ce cruel problème psychologique du discernement, quand on n'y est point préparé par une expérimentation prolongée et qu'il faut se prononcer presque instantanément sur une question aussi délicate?

Quand le fait commis est grave et qu'il faut sévir, mieux vaut encore, au point de vue de la préservation du mineur et même de la société, lui appliquer la mise en correction que de le frapper irrévocablement. Les conséquences d'une peine infamante, au seuil de la vie, peuvent être terribles et amener celui qui en a été l'objet à employer plus tard des moyens criminels pour effacer les effets néfastes de cette condamnation.

En voici un exemple.

Il y a quelques années, j'ai eu à instruire une affaire de faux en écriture publique contre un homme âgé de 56 ans qui, condamné quand il n'avait que 15 ans à cinq années d'emprisonnement pour attentat à la pudeur, comme ayant agi avec discernement, n'avait jamais comparu depuis en justice et avait falsifié son casier judiciaire pour obtenir une situation, n'ayant jamais osé révéler à qui que ce soit ce passé terrible, même pour obtenir une réhabilitation : opération judiciaire d'ailleurs assez compliquée. La cour d'assises de la Seine l'a acquitté, malgré la matérialité du faux et l'aveu de l'accusé ; le jury, dans la plénitude de sa juridiction, avait compris que la faute commise, qui comportait une nouvelle peine infamante, n'était que la conséquence funeste de l'ancienne condamnation. Combien, lors de sa première comparution en justice, eût-il mieux valu l'envoyer en correction jusqu'à sa vingtième année ! L'éducation correctionnelle, même il y a cinquante ans, aurait été mille fois préférable à l'emprisonnement de droit commun, surtout à une époque où la loi de sursis et la libération conditionnelle n'étaient point applicables.

Le progrès à accomplir pour les tribunaux, en l'état de la législation actuelle, serait donc de ne déclarer presque jamais que le mineur a agi avec discernement, et, quand la remise aux parents n'est point possible, de soumettre le délinquant à l'éducation correctionnelle.

L'envoi en correction n'est d'ailleurs point irrévocable ; la libération provisoire est très souvent accordée après quelques semaines ou au bout de quelques mois à peine, soit à la famille qui présente des garanties suffisantes, soit à des patronages de libérés. Dès lors, il ne reste de la sentence prononcée que la mesure comminatoire de la réintégration qui, comme une épée de Damoclès, maintiendra jusqu'à l'expiration du temps fixé le mineur libéré dans la nouvelle voie du bien, qu'il pourra suivre volontairement. Je dis volontairement, parce que dès lors lui seul est maître de sa destinée, et il ne me déplaît pas qu'un enfant, dans des conditions normales d'intelligence et de sens moral, soit placé dans l'alternative ou de reprendre ses mauvaises habitudes et de renouer connaissance avec les camarades qui l'avaient entraîné au mal, ou de fuir les occasions mauvaises en écoutant les bons conseils des parents ou des patrons chez lesquels il sera rentré.

Quand la famille est douteuse, les patronages des libérés sont là pour maintenir l'enfant dans les bonnes dispositions. Je n'en veux pour preuve que les excellents résultats obtenus par la *Société pour le patronage des jeunes détenus et des jeunes libérés du département de la Seine* depuis un demi-siècle.

En résumé, quand l'éducation correctionnelle est prononcée, le retour dans la famille, soit directement, soit au moyen des patronages des libérés qui placent l'enfant chez un patron où il vit complètement, est un moyen de reclassement le plus sûr et le plus naturel. Mais, pour certains il est impossible de l'employer, soit que la récidive soit à craindre, soit que la famille se désintéresse complètement de l'enfant, ce qui est assez fréquent. Il faut donc alors que celui-ci soit conservé dans l'établissement pénitentiaire où il aura été envoyé.

On fait une campagne très suivie depuis longtemps contre les maisons de correction. Le tableau qu'on en a tracé est des plus effrayants. Un de leurs détracteurs a même prétendu que ces prisons d'enfants avaient été reconstruites avec les pierres de la Bastille! Certes, les maisons de correction ne sont point parfaites, mais il faut mal les connaître pour en parler de la sorte.

Avant de donner mes impressions personnelles je vais tracer brièvement l'historique et la description des maisons de correction.

Pendant la première partie du siècle, ces établissements n'existaient pas, pour ainsi dire. La loi de 1850 a opéré une transformation complète et a été le point de départ des réformes successives qui ont abouti à leur état actuel. Déjà en 1835, M. de Metz avait fondé la colonie de Mettray, qui est un type tellement perfectionné que les Hollandais viennent d'appeler

18.

Mettray l'établissement similaire qu'ils ont créé il y a peu de temps.

Les colonies pénitentiaires destinées aux enfants ne sont point des prisons, mais bien de vastes domaines : celle des Douaires a 420 hectares ; celle du Val-d'Yèvre en a 400, sans parler des colonies privées, telles que Mettray et la Loge, qui sont bien plus considérables encore. Est-il nécessaire d'ajouter que ces domaines n'ont aucun mur de clôture, et que les bâtiments où sont installés les divers services sont isolés les uns des autres sans que le moindre entourage donne l'idée même d'une caserne ?

Aucun geôlier, mais des surveillants, des instituteurs, des contremaîtres, voilà pour le personnel. Veut-on savoir ce que font les enfants : les uns travaillent les terres de la ferme ou abattent les arbres en forêt, d'autres sont employés comme menuisiers, charrons, serruriers, maçons, peintres, etc. L'entretien des bâtiments et la fabrication des meubles et instruments agricoles sont effectués par les jeunes colons.

Les repas se prennent en commun dans une pièce immense qui, les jours de fête, sert de salle de théâtre. Une musique instrumentale excellente, dirigée par un chef expérimenté, va de temps à autre jouer sur la place de la ville voisine. Quel n'a point été mon étonnement de retrouver dernièrement, comme piston solo, dans une des colonies les plus importantes un enfant qui avait été arrêté plusieurs fois pour vol à la tire et qui, dans les premiers temps, s'était évadé à deux reprises différentes! Aujourd'hui c'est un excellent sujet, qui était très fier de me montrer son talent et de m'apprendre qu'il était en outre employé à l'économat comme comptable.

Et puis, tous les colons ne sont pas présents; une très grande partie sont placés chez des cultivateurs ou des artisans du voisinage où ils sont à demeure. Le directeur va de temps en temps les voir et les encourager, mais s'ils ne se conduisent pas bien ils réintègrent la colonie.

Les jours de fête, tout le monde revient; et quand, tout dernièrement, on célébrait aux Douaires un service funèbre, dans la grande chapelle, en l'honneur des anciens colons engagés volontaires morts à l'ennemi à Madagascar, au Tonkin ou au Soudan, les jeunes colons en armes, autour du catafalque orné des couleurs nationales, n'avaient point l'air de prisonniers, mais bien de jeunes recrues rendant les honneurs aux anciens tombés glorieusement.

Aussi, quand vient l'âge de l'engagement militaire, beaucoup partent avec joie pour entrer dans cette grande famille, l'armée, où ils deviennent d'excellents sujets. Or, que l'on ne croie pas qu'ils oublient la colonie où ils ont passé plusieurs années. Non seulement ils écrivent à leurs anciens directeurs des lettres touchantes que j'ai lues, mais encore, quand une permission leur est accordée, ils reviennent passer souvent plusieurs jours au milieu de leurs jeunes camarades, très fiers de montrer des galons lorsqu'ils ont conquis un grade.

Bien certainement, pour tous ceux qui ont une famille qu'ils affectionnent, le séjour à la colonie est pénible, mais celui-ci ne ressemble-t-il pas un peu à l'internat que nous avons tous plus ou moins connu? Et encore, les parents peuvent venir en toute liberté visiter leurs enfants; ils correspondent avec eux, et les lettres échangées ne sont point empreintes de tristesse.

A l'École Lepelletier-Saint-Fargeau, que je visitais récemment, j'étais frappé du luxe des chambrettes en chêne ciré où couchent isolément les jeunes colons, sans craindre les promiscuités malsaines. Dans la plupart, les portraits des parents, des gravures, voire même des peintures primitives faites par le colon lui-même en ornaient les parois. Des lavabos luxueux, des salles de bains et de douches, des infirmeries modèles, des réfectoires confortables, des salles de récréation couvertes me faisaient songer aux installations plus primitives des collèges où beaucoup d'entre nous ont passé plusieurs années, sans parler des casernes où les chambrées servaient naguère à tous les usages !

Voilà pour les grands. Les petits, pour lesquels on a organisé à Saint-Hilaire une école de réforme avec un personnel féminin, sont l'objet d'une sollicitude toute spéciale; et les jours de fête, on pourrait voir ceux qui ont été les plus sages grimpés sur les chevaux de bois installés sur la place de la ville voisine où ils ont été conduits par le directeur !

A Frasnes, près de Gray, un établissement privé, où sont envoyés les enfants au-dessous de 12 ans soumis à la correction, est tenu par des religieuses et un vieil aumônier. Quand ils ont 16 ans, ces mêmes religieuses les emploient à la culture et leur montrent elles-mêmes le maniement de l'outillage agricole. Puis, quand ils sont libérés, elles les envoient dans un patronage qu'elles ont installé à Besançon. Les jeunes gens y sont encore sous la surveillance exclusive des religieuses et placés chez des patrons de la ville, ils viennent prendre leurs repas et coucher au patronage. Lorsque l'un

des patronnés désire s'engager, ce sont les religieuses qui le mènent elles-mêmes au bureau
de recrutement !

Voilà le tableau vrai des colonies impropre-
ment appelées maisons de correction par la loi;
j'ai visité des établissements similaires à l'étranger, le système employé chez nous est à peu
près le même partout avec quelques légères
modifications.

En Angleterre, l'organisation du travail industriel est cependant mieux conçue qu'en
France. La colonie de *Redhill*, la plus ancienne
de l'Europe, et la plus importante de l'Angleterre, offre à cet égard un intérêt tout particulier. J'approuve surtout la séparation des jeunes
colons par groupes distincts. A Redhill, ils sont
divisés selon les âges, en quatre ou cinq agglo-
mérations n'ayant aucun rapport entre elles,
sauf les dimanches et les jours de fête.

Dirai-je un mot des punitions employées pour
venir à bout des indisciplinés ou de ceux qui
commettent une infraction grave aux règlements?

En France, c'est la cellule; en Angleterre,
presque toujours les verges. Les Anglais prétendent même que les enfants préfèrent cette
dernière punition à l'isolement du cachot; en
tout cas, ils ne sont pas près d'en cesser l'em-

ploi. Ce que je reproche, par exemple, à la *reformatory* anglaise, c'est le couchage en commun, qu'ils ont conservé, à cause de leur grande crainte de l'incendie; c'est, du moins, la seule raison indiquée et plausible.

Quoi qu'il en soit, les colonies pénitentiaires correctionnelles ou agricoles de notre pays sont arrivées à un degré de perfectionnement suffisant pour que l'on ne puisse leur appliquer l'appellation de *carcere duro* que leurs détracteurs se plaisent à leur donner, sans parler des autres améliorations qui sont en voie de réalisation. Elles ont pour but de rapprocher de plus en plus l'organisation de ces établissements du régime familial. L'emploi des femmes dans les colonies de garçons se multiplie d'autant plus qu'il a donné d'excellents résultats depuis qu'il a été inauguré.

Pour les filles, je citerai, pour être complet, deux établissements types, l'école de Sainte-Odile et l'Atelier Refuge de Rouen, sous la surveillance de religieuses, sans parler d'autres semblables. Là non plus, les pupilles de l'administration pénitentiaire ne sont point incarcérées. A Rouen, notamment, où depuis la fondation 3 000 délinquantes au moins se sont succédé, l'établissement comprend une colonie agricole de 175 hectares et des jardins d'une étendue de 8 hectares. Les filles employées à la ferme ou au jardinage obtiennent des succès qui ont été récompensés aux expositions agricoles et qui ont valu la croix du Mérite agricole à leur directrice.

Pour exposer plus complètement le système pénitentiaire qui est appliqué rationnellement aux mineurs de l'un et de l'autre sexe soumis à l'éducation correctionnelle, il faudrait sortir du cadre de notre sujet. Je crois avoir suffisamment indiqué que le but proposé est le reclassement des uns et des autres quand la justice n'avait point cru pouvoir les remettre à leurs familles, soit que celles-ci soient représentées comme indignes ou incapables de les ramener au bien, soit que les instincts pervers de l'enfant, joints à la gravité de la faute commise et et à leurs mauvais antécédents, ne puissent permettre sans danger leur retour au foyer paternel, alors même que celui-ci serait bon.

En règle générale, toutes les fois que le reclassement peut s'obtenir dans la famille, le tribunal d'abord, l'administration ensuite, ne doivent point hésiter à réintégrer l'enfant au milieu des siens. Mais, quand il y a un danger pour celui qui doit être l'objet de cette mesure, ne vaut-il pas mieux le soumettre à l'éducation correctionnelle, telle qu'elle existe maintenant avec ses perfectionnements nombreux, sauf à placer ultérieurement l'enfant, comme cela se pratique, dans une autre famille, plutôt que de le voir devenir un récidiviste, c'est-à-dire un paria de la société:

En définitive, la maison de correction ou plutôt les établissements qui en tiennent lieu, fournissent les moyens à employer quand tous les autres ont fait défaut : le seul but à atteindre n'étant point la répression du coupable, mais bien sa préservation et son reclassement.

CHAPITRE IV

Les réformes. — Le reclassement dans la famille et dans la société. — Un nouveau Code pénal de l'enfance.

Pour concevoir des réformes sérieuses, il faut se renseigner d'abord; et la méthode expérimentale est la seule qui puisse donner des indications précises. La sociologie criminelle, tant au point de vue psychologique que mathématique, permet de juger avec connaissance de cause la situation exacte, découvre les défauts existants, en même temps qu'elle indique les améliorations à apporter.

Les théories philosophiques et criminalistes ne suffisent pas pour changer une législation; il faut encore que l'expérimentation raisonnée ait fait connaître toutes les imperfections d'un système avant d'en proposer un autre. Il se produit à chaque époque des évolutions d'idées donnant un courant nouveau; mais si ces nouvelles idées ne sont basées que sur des hypothèses, il y a bien des chances pour qu'elles soient faussées. On a dit avec raison, d'ailleurs, que les phénomènes sociaux sont dirigés non pas par les idées, mais plutôt par les sentiments et surtout par les besoins matériels et intellectuels.

Quand la loi romaine donnait le droit de vie et de mort au père de famille sur ses enfants, elle exagérait à dessein son autorité parce que cette puissance familiale était nécessaire à la constitution et à l'organisation de la société romaine.

Lorsque, plus tard, des supplices terribles furent inventés, non seulement pour punir les crimes, mais encore pour arracher des aveux à ceux qui étaient de simples accusés, ces tortures n'étaient point de simples actes de barbarie, elles répondaient à un besoin social qui a disparu.

De nos jours, les peines corporelles ont été remplacées presque partout par la privation de la liberté, et, si les Anglais ont conservé le fouet, c'est qu'ils n'ont pas cru qu'il y ait lieu de le supprimer de leurs lois répressives. La peine de mort elle-même tend à disparaître des législations pénales, et si quelques grandes nations telles que l'Angleterre, la France, les États-Unis, la Russie et d'autres encore ont laissé ce

châtiment exemplaire inscrit dans leurs codes,
son application est devenue très rare.

En France, ce châtiment suprême s'étendait,
il n'y a pas si longtemps, aux crimes politiques, à la fabrication de la fausse monnaie et
à d'autres méfaits ; aujourd'hui, la peine de
mort est encore prévue pour punir certains
crimes et pour protéger efficacement la disci-
pline militaire, mais elle n'est guère appliquée
que pour l'assassinat, et encore son exécution
est-elle très restreinte. La peine de mort dispa-
raîtra bientôt de toutes les législations, quand
les besoins sociaux, ce qui ne saurait tarder,
n'en réclameront plus la conservation.

Dans ces dernières années, on a cherché
une orientation nouvelle dans la voie répressive, en se basant sur ce que les crimes et les
délits, que l'on a toujours considérés comme
des entités, ne peuvent être réprimés de la même
manière, selon qu'ils ont été commis par tels
ou tels individus. En un mot, on tend de plus
en plus à créer ce que l'on a appelé justement l'*individualisation de la peine.*

On commence également à comprendre que
le Code pénal, ce tarif arbitraire et suranné, ne
répond plus aux besoins sociaux, et après avoir
peu à peu aboli tout ce qui restait des tortures
du moyen âge, on a songé à créer des atténua-

tions aux rigueurs excessives de lois pénales faites pour une société qui a disparu.

En partant de ce principe, que la peine est une simple défense sociale, qu'elle ne corrige et ne moralise pas, qu'elle ne fait qu'inspirer la crainte d'un nouveau châtiment, il faut rechercher s'il n'y a pas lieu de créer des *substituts* aux peines édictées par les lois. La théorie des équivalents de la peine suppose, avant d'être admise, l'établissement de rapports intelligibles entre les travaux des sociologues et l'étude philosophique du droit.

On ne saurait être étonné de la lenteur des conquêtes ainsi que de l'intensité des résistances. Le criminaliste, qui oppose une fin de non-recevoir aux applications de la criminologie, sait qu'à ses côtés est l'école entière des légistes, fille et héritière fortunée de la philosophie scolastique ; c'en est assez pour qu'il repousse, *ex cathedra*, les conclusions les plus contraires de la psychologie et de la psychiatrie, de la statistique morale et de la sociologie [1].

La loi de sursis, la libération conditionnelle, ont déjà apporté une sage modération aux exigences des lois pénales. L'essor est donné, et, de plus en plus, on voudra préserver et re-

1. Gaston Richard, *loc. cit.*

classer celui qui a commis un fait isolé, occasionnel, circonstanciel, avant de le punir, en réservant les rigueurs de la loi aux incorrigibles conscients qui restent, malgré tous les avertissements de la justice, en lutte ouverte contre la société. Bientôt on entrera hardiment, après les précurseurs hardis et généreux qui l'ont tracée, dans la voie nouvelle.

L'enfance a droit, en première ligne, aux réformes. Le Code pénal, qui date de cent ans bientôt, n'a point été transformé en ce qui la concerne; on a fait seulement quelques lois nouvelles pour protéger l'enfance malheureuse ou maltraitée, ainsi que pour améliorer les établissements pénitentiaires qui lui sont destinés.

Tout récemment encore, on s'est occupé de transformer les maisons de correction et de créer des écoles de réforme. Le but est utile, louable, humanitaire. Mais il y a plus à faire qu de préparer le logis; ne doit-on pas s'occuper d'abord de celui qui doit l'occuper?

Si l'on a fait une campagne implacable contre les maisons de correction, ce n'est pas, à moins d'ignorance de ceux qui en parlent, contre les établissements eux-mêmes qu'elle était dirigée, mais bien, par une véritable pétition de principe, contre la mesure elle-même de l'éducation correctionnelle.

Depuis dix ans, le Comité de défense de Paris, suivi dans cette voie par tous ceux de la province, a préparé les réformes à accomplir, mais rien n'a encore été tenté législativement. Et cependant ces enfants coupables, ou soi-disant tels, ont droit à une protection efficace; ne font-ils pas partie, en effet, de la génération qui sera la France de demain? Il ne serait pas difficile cependant d'arriver promptement à une solution favorable. Tout le monde est d'accord sur les principes, il n'y a qu'à les appliquer.

Quelles sont donc ces réformes, si difficiles à obtenir et que l'on réclame avec tant d'insistance? Bien peu de chose, en réalité: la transformation de trois ou quatre articles du Code pénal.

Sans rentrer dans la question de la responsabilité pénale, n'est-il pas logique de décider que tant que l'âge de 18 ans n'est pas arrivé, l'enfant a droit à être traité autrement que l'adulte, sa responsabilité pénale devant suivre de près, il me semble, sa capacité civile? Mais alors, doit-on attendre qu'il commette un méfait grave pour se poser la question de savoir s'il n'a point été amené à cet acte parce qu'il n'avait point été l'objet d'une préservation suffisante?

Faut-il aussi envoyer indistinctement dans les maisons de correction et de réforme, même les mieux organisées, tous les enfants qui se rendent coupables d'un délit ? En un mot, ne faut-il pas, tout d'abord, essayer de moraliser l'enfant avant de le conduire loin des siens, dans une école qu'il considérera quand même comme une prison ?

La société qui arrête un enfant pour une faute ne valant point une répression, n'a-t-elle pas d'autres devoirs que de renvoyer cet enfant dans sa famille, sans plus s'occuper de lui et sans aider cette famille dans l'œuvre de réaction morale qui lui incombe ? La justice attendra-t-elle, comme elle le fait actuellement, pour intervenir, que les récidives aient succédé aux récidives, ou que l'acte commis soit d'une gravité exceptionnelle pour appliquer ce que j'appellerai la médication de l'éducation préservatrice ? Non, évidemment ; l'État a des devoirs tout tracés, et il doit prévoir avant de punir.

La marée montante de la criminalité juvénile ne peut être arrêtée que par des efforts nouveaux basés sur le principe de la préservation et non de la répression. Je ne rechercherai point davantage toutes les raisons qui me font désirer la modification absolue de notre législation, je ne pourrai que rééditer des arguments que tout le monde sent ou connaît ; je vais tout de suite, après avoir rappelé les termes de la loi actuelle, présenter les textes que je propose d'y substituer.

C'est dans les articles 66, 67, 68 et 69 que se trouve exprimé ce que j'ai déjà appelé le Code pénal de l'enfance coupable.

Ces articles sont trop importants pour que je ne les reproduise pas *in extenso*.

« ARTICLE 66. — Lorsque l'accusé aura moins
« de 16 ans, s'il est décidé qu'il a agi sans *dis-*
« *cernement*, il sera acquitté ; mais il sera, selon
« les circonstances, remis à ses parents, ou
« conduit dans une maison de correction pour
« y être élevé et détenu pendant tel nombre
« d'années que le jugement déterminera, et qui
« toutefois ne pourra excéder l'époque où il aura
« accompli sa vingtième année.

« ARTICLE 67. — S'il est décidé qu'il a agi
« avec *discernement*, les peines seront pronon-
« cées ainsi qu'il suit : s'il a encouru la peine
« de mort, des travaux forcés à perpétuité, de
« la déportation, il sera condamné à la peine de
« dix à vingt ans d'emprisonnement dans une
« maison de correction. S'il a encouru la peine
« des travaux forcés à temps, de la détention

« ou de la réclusion, il sera condamné à être
« renfermé dans une maison de correction pour
« un temps égal au tiers au moins et à la moitié
« au plus de celui auquel il aurait pu être
« condamné à l'une de ces peines. Dans tous
« les cas, il pourra être mis, par l'arrêt ou le
« jugement, sous la surveillance de la haute po-
« lice pendant cinq ans au moins et dix ans au
« plus. S'il a encouru la peine de la dégrada-
« tion civique ou du bannissement, il sera
« condamné à être enfermé de un an à cinq
« ans dans une maison de correction.

« ARTICLE 68. — L'individu, âgé de moins de
« 16 ans, qui n'aura pas de complices présents
« au-dessus de cet âge, et qui sera prévenu de
« crimes autres que ceux que la loi punit de la
« peine de mort, de celle des travaux forcés à
« perpétuité, de la peine de la déportation ou
« de celle de la détention, sera jugé par les tri-
« bunaux correctionnels, qui se conformeront
« aux deux articles ci-dessus.

« ARTICLE 69. — Dans tous les cas où le mi-
« neur de 16 ans n'aura commis qu'un simple
« délit, la peine qui sera prononcée contre lui
« ne pourra s'élever au-dessus de la moitié de
« celle à laquelle il aurait pu être condamné
« s'il avait eu 16 ans.

Voici maintenant les prescriptions nouvelles

que je voudrais voir introduire dans ces articles du Code pénal.

« ARTICLE 66. — Lorsque l'enfant aura plus
« de 12 ans et moins de 18 ans, s'il est décidé
« qu'il a agi *sans discernement*, il sera, selon les
« circonstances, remis à ses parents ou mis à la
« disposition du gouvernement pour être gardé
« et élevé pendant tel nombre d'années que le
« jugement déterminera et qui toutefois ne
« pourra excéder l'époque où il aura accompli
« sa vingt et unième année ; le droit de garde
« emportera le droit de correction ; au-dessous
« de l'âge de 12 ans, la remise aux parents sera
« seule prononcée, mais en cas de récidive, la
« mise à la disposition du gouvernement pourra
« être prononcée si l'enfant est âgé de 7 ans
« accomplis.

« ARTICLE 67. — S'il est décidé qu'il a agi
« avec discernement, les peines seront pronon-
« cées ainsi qu'il suit (même texte que dans
« l'article 67 actuel, sauf que le mot de *maison*
« *de correction* est changé en celui d'*école de*
« *réforme* ou de *maison d'éducation correction-*
« *nelle*).

« S'il a plus de 16 ans, les atténuations ci-
« dessus ne seront pas applicables, mais à l'ex-
« piration de la peine prononcée, qui ne figu-
« rera point au casier judiciaire, la mise à la

« disposition du gouvernement sera ordonnée
« dans les conditions prévues par l'article 66.

« ARTICLE 68. — L'individu âgé de moins de
« 18 ans, qui n'aura pas de complices présents
« au-dessus de cet âge et qui sera prévenu de
« crimes autres que ceux que la loi punit de la
« peine de mort, de celle des travaux forcés, de
« la détention, sera jugé par les tribunaux cor-
« rectionnels, qui se conformeront aux deux ar-
« ticles ci-dessus.

« Les affaires concernant les mineurs de
« 18 ans feront toujours l'objet d'une informa-
« tion judiciaire dirigée par le juge d'instruction
« et seront jugées à huis clos toutes les fois
« qu'il n'y aura point de complices âgés de plus
« de 18 ans; mais les parents ou ceux qui ont
« l'autorité légale sur le mineur, ainsi que les
« représentants des patronages autorisés pour-
« ront assister aux débats. Un avocat d'office,
« en l'absence d'un défenseur choisi par le mi-
« neur ou par ses parents, devra être désigné
« sur la demande du juge d'instruction dès le
« début de l'information.

« ARTICLE 69. — Dans tous les cas où le mi-
« neur âgé de plus de 12 ans et de moins
« de 18 n'aura commis qu'un simple délit, la
« peine qui sera prononcée contre lui ne
« pourra s'élever au-dessus de la moitié de

« celle à laquelle il aurait pu être condamné s'il
« avait eu 18 ans, sans préjudice de la mise à la
« disposition du gouvernement, qui aura lieu
« pour une durée double au moins de la peine
« prononcée, sans que cette durée puisse être
« inférieure à une année, et ceci nonobstant
« toute remise de la peine principale ou de
« toute libération conditionnelle.

« Quand le tribunal décidera qu'il sera sursis
« à la peine principale, la mise à la disposition
« du gouvernement ne pourra avoir son effet
« qu'au cas d'une nouvelle comparution en jus-
« tice.

« En cas de récidive, la mise à la disposition
« du gouvernement devra toujours être pronon-
« cée, et pour le temps qui restera à courir, jus-
« qu'à la majorité. L'engagement militaire fera
« cesser dans tous les cas les effets de la mise
« à la disposition du gouvernement. »

C'est donc une transformation complète de
la législation actuelle, basée sur l'idée de préservation, tout en laissant subsister le principe
de répression qui, dans certains cas, peut être
très utile, les besoins sociaux ne permettant
pas encore d'aller au delà; mais la question du
discernement étant un problème difficile à résoudre, le doute devra toujours profiter à l'en-

fant et les mesures de préservation devront toujours être seules ordonnées.

Quand les tribunaux n'auront plus à choisir entre la remise aux parents et l'envoi en correction, une jurisprudence uniforme s'établira, et la mise à la disposition du gouvernement sera prononcée toutes les fois qu'il y aura un danger pour l'enfant d'être remis à sa famille. En outre, lorsque la réunion des services pénitentiaires au département de la justice sera un fait accompli, le juge se préoccupera d'autant plus de la décision qu'il rendra qu'il sera appelé à en contrôler l'exécution.

Il ne suffit pas, en effet, de prononcer une mesure, il faut aussi en assurer le bon fonctionnement. L'État qui aura la garde de l'enfant et qui pourra disposer de tous les moyens éducatifs et répressifs mis à sa disposition ne pourra accomplir sa tâche que s'il y est aidé par des auxiliaires dévoués.

Aussi je ne conçois la mise en pratique de la garde de l'État que lorsqu'un règlement d'administration publique aura institué dans chaque arrondissement une commission composée du sous-préfet, du président du Tribunal, du procureur de la République, du juge d'instruction, du bâtonnier des avocats, du président de la commission des hospices, du maire, du médecin et de l'aumônier de la prison, ainsi que de tous les présidents des patronages régionaux, en vue de la surveillance des enfants mis à la disposition du gouvernement, ou des changements à apporter à leur situation selon les circonstances.

Le gouvernement, qui a la garde de l'enfant, ne doit point, selon moi, forcément le mettre dans un des établissements dont il dispose ou même dans une école de réforme ou de préservation; il l'élève comme il veut, il peut le placer chez un particulier, dans un établissement charitable, ou l'envoyer dans une colonie pénitentiaire de telle ou telle catégorie selon les circonstances.

La commission de surveillance indiquera le placement à procurer à l'enfant et statuera chaque fois qu'il y aura lieu d'en changer. L'avis de la commission n'aura qu'un caractère consultatif, mais en cas de désaccord, le représentant du gouvernement chargé de l'exécution du jugement devra en référer à l'autorité supérieure. Le gouvernement sera donc ainsi une sorte de tuteur et la commission tiendra lieu de conseil de famille aux enfants de l'arrondissement traduits en justice.

Rien n'empêchera même les parents de recevoir à titre provisoire et d'essai l'enfant mis

à la disposition du gouvernement. Mais au cas
où la famille ne réunirait point les conditions
voulues, un placement chez un particulier serait tenté avant de recourir à des mesures plus
rigoureuses.

En un mot, l'État serait toujours maître de
placer l'enfant où il voudrait, sauf à demander
l'avis de la commission de surveillance, surtout
quand il y aurait lieu de rendre la condition
pire, c'est-à-dire quand il faudrait l'envoyer
par mesure disciplinaire dans tel ou tel établissement de réforme ou d'éducation correctionnelle. Bien entendu, l'État, lorsque l'enfant
ne serait pas confié à sa famille, devrait fournir
une indemnité pécuniaire, uniforme, comme le
fait l'Assistance publique pour ses pupilles ;
cette indemnité serait versée soit au particulier
chargé de l'enfant, soit à l'institution charitable
où il aurait été placé.

Dans les grandes villes, à Paris notamment, la
commission se diviserait en plusieurs sections,
comme cela a lieu par exemple pour le bureau
d'Assistance judiciaire, et les enfants seraient
répartis par lieux d'origine, par quartiers, entre
ces diverses sections.

D'après le système que je viens d'exposer, le
placement familial resterait la règle, soit dans
la famille même du mineur, soit chez un autre

particulier, et on ne recourrait à l'éducation correctionnelle que pour les cas où cette mesure
serait jugée nécessaire. De cette façon les tribunaux n'hésiteraient point à donner à l'État
la garde de la plupart des enfants traduits devant eux et ne seraient pas effrayés par les
conséquences qui pourraient résulter d'une
mesure plus grave, comme cela a lieu actuellement. Les enfants rendus purement et simplement à la famille sans les pourvoir de la garde
de l'État, seraient dès lors l'exception, et on
verrait bientôt diminuer les récidivistes, surtout parmi ceux qui approchent de la 18ᵉ année.

Au lieu de créer des établissements nouveaux,
que l'on essaye donc de se servir de tous ceux
déjà existants ! Ils sont suffisamment nombreux
et peuvent absorber le double des enfants qui
y sont actuellement établis. Ainsi Mettray et
Montesson, pour n'en citer que deux, n'ont
actuellement que la moitié de leur effectif.

Pour me résumer, je considère que le seul
moyen d'augmenter l'efficacité des mesures pré-
servatrices, est de faire intervenir l'autorité de
l'État quand les parents se montrent indifférents ou impuissants. Je ne parle point de
ceux qui sont indignes, puisque ceux-là sont
privés de leurs droits. Quant à toucher à la
puissance paternelle, je trouve que ce serait

un danger social et qu'à moins d'une contravention à la loi, l'État ne peut point intervenir arbitrairement pour enlever à l'autorité du père un enfant qui n'aurait point une conduite convenable.

Si le père ne demande pas la correction paternelle, l'État ne pourrait, à son défaut, obtenir une mesure répressive qui ne serait point basée sur un manquement aux lois. Cependant, rien n'empêcherait de créer des délits spéciaux à l'enfant, tels que le vagabondage constaté à la suite d'absences prolongées de l'école ou de l'atelier d'apprentissage et lorsque l'enfant aurait déserté en même temps la maison paternelle.

Les Anglais ont créé, pour ces deux cas, les écoles de vagabonds, *Truant Schools*, et les écoles industrielles externes *Day industrial Schools*. J'ai visité ces deux genres d'écoles, où les enfants ne sont envoyés que pour quelques mois au plus. Elles sont parfaitement organisées. La *Truant school* de Highbury est un véritable type modèle. Mais ces établissements n'ont pour but que de réformer les vagabonds, et je ne pense point qu'il serait possible d'étendre cette mesure à d'autres défauts de l'enfance si la loi n'a point été violée.

Voici les réformes que je crois nécessaires et

efficaces. Sur ces deux bases pourrait être édifié tout un système nouveau de préservation et de rénovation, à la condition que le législateur veuille bien entreprendre cette œuvre éminemment humanitaire et sociale.

L'accroissement de la criminalité juvénile est une menace de plus en plus inquiétante. Préservons les enfants pour en faire des hommes, dussions-nous dépenser quelques millions pour cela. Notre pays a dépensé ses ressources, son génie et son sang, sans marchander, pour la conquête de la liberté, de la justice et de la vérité. Hésiterons-nous à donner notre dévouement et notre argent pour opérer ce sauvetage de la jeunesse qui est une des forces les plus solides de la Patrie!

TABLE DES MATIÈRES

———

DEUXIÈME PARTIE
LES ENFANTS

TROISIÈME PARTIE
CORRECTION ET PRÉSERVATION

IMPRIMÉ

PAR

CHAMEROT ET RENOUARD

19, rue des Saints-Pères, 19

PARIS

www.ingramcontent.com/pod-product-compliance
Lightning Source LLC
Chambersburg PA
CBHW070814270326
41927CB00010B/2410